汽车电气设备与维修

主　编　吴增伟　刘永胜

北京理工大学出版社
BEIJING INSTITUTE OF TECHNOLOGY PRESS

内容简介

本书全面系统地阐述了汽车电气设备在现代汽车上的应用情况，着重阐述和讲授蓄电池、交流发电机、起动系统、点火系统、照明信号与仪表信息系统的结构、原理及使用维修等基础知识，对汽车电路分析和汽车电路检修等内容也做了充分的介绍。

本书适用于各类高等院校汽车及相关专业的教学，也适用于汽车运用、汽车修理、管理等技术人员参考。

图书在版编目（CIP）数据

汽车电气设备与维修/吴增伟，刘永胜主编. —北京：北京理工大学出版社，2017.9

ISBN 978-7-5682-4817-4

Ⅰ. ①汽…　Ⅱ. ①吴…　②刘…　Ⅲ. ①汽车-电气设备-车辆修理-高等职业教育-教材　Ⅳ. ①U472.41

中国版本图书馆 CIP 数据核字（2017）第 218949 号

出版发行／北京理工大学出版社有限责任公司
社　　址／北京市海淀区中关村南大街 5 号
邮　　编／100081
电　　话／（010）68914775（总编室）
　　　　　（010）82562903（教材售后服务热线）
　　　　　（010）68948351（其他图书服务热线）
网　　址／http：// www.bitpress.com.cn
经　　销／全国各地新华书店
印　　刷／三河市天利华印刷装订有限公司
开　　本／787 毫米×1092 毫米　1/16
印　　张／6
字　　数／143 千字
版　　次／2017 年 9 月第 1 版　2017 年 9 月第 1 次印刷
定　　价／32.00 元

责任编辑／封　雪
文案编辑／张鑫星
责任校对／周瑞红
责任印制／李志强

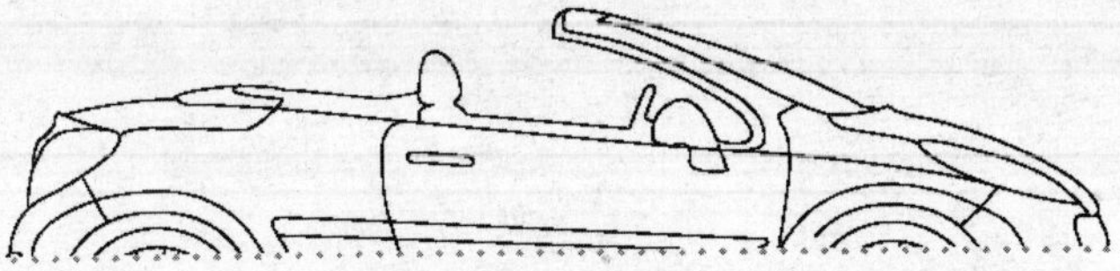

前言

PREFACE

本书针对高等院校汽车相关专业编写，相对于一般汽车电器维修类书籍而言，具有很强的针对性，淡化了理论推导，减少了原理性的讲解，强化了实用性。

本书在内容安排上，遵循高等院校汽车相关专业对汽车电器技术的需要，力求将知识点和技能点有机地结合起来，以够用为度，着重对学生技能的培养，加强实用性，引进近年来的新技术，强调理论联系实际的编写模式。

本书参考学时为 80 学时，使用时可以根据教学需要进行取舍。

本书由吴增伟、刘永胜担任主编，袁振、刘梦旖担任副主编，胡建军担任主审。具体分工如下：吴增伟编写了项目四，刘永胜编写了项目一，袁振编写了项目二，刘梦旖编写了项目三，胡建军负责全书的审稿工作。

编　者

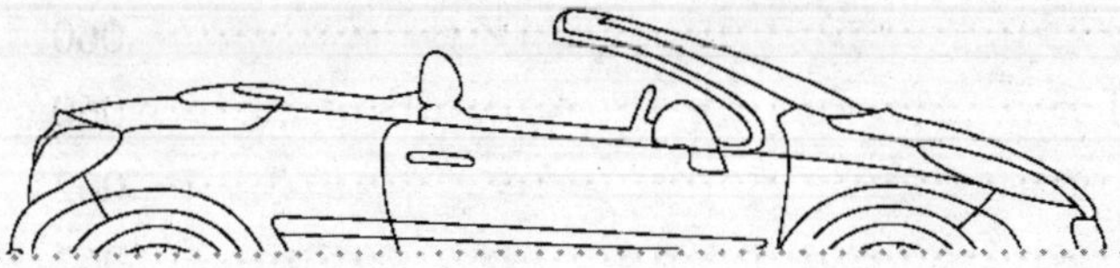

目录

CONTENTS

项目一

汽车电源

一、项目要求

（1）了解汽车电源系统相关知识。

（2）会拆装发电机。

（3）会拆装起动机。

（4）会利用所学知识诊断、排除汽车电源系统故障。

二、相关知识

（一）识读蓄电池型号

1. 蓄电池种类

蓄电池是一种可逆的低压直流电源，它既能将化学能转换为电能，也能将电能转换为化学能。蓄电池可分为碱性蓄电池和酸性蓄电池两大类。汽车上一般采用铅酸蓄电池，一是发动机起动时，需要非常大的电流，所以对蓄电池的电流要求很高，铅酸蓄电池可以满足需要；二是铅酸蓄电池成本比较低，价格便宜，一块普通蓄电池，现在的市场价格只需要300元左右，因此普及率很高。

车用蓄电池可分为以下4种：湿荷电蓄电池、干荷电蓄电池、少维护蓄电池和免维护蓄电池。

2. 蓄电池电压

车用蓄电池都是由单体铅酸蓄电池串联而成，单体蓄电池电压为2.1 V左右，这是由铅酸蓄电池特性决定的，不会改变，因此，不管车上的电池电压是多少，都是由2.1 V的单体电池串联得到的。轿车上的蓄电池标称12 V，但实际电压是12.6 V左右，由6个单体蓄电池串联而成；大型车、货车蓄电池一般为24 V，由12个单体电池串联而成。

3. 蓄电池型号

以型号为6－QAW－54a的蓄电池为例（见图1－1），说明如下：

（1）6表示由6个单格电池组成，每个单格电池电压为2 V，即额定电压为12 V。

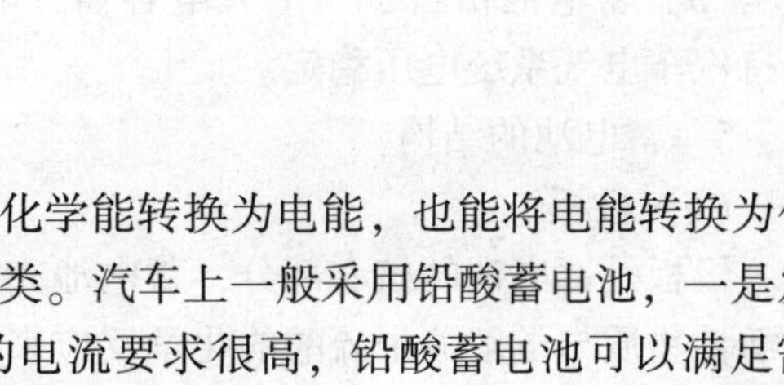

图1－1　6－QAW－54a蓄电池

（2）Q 表示蓄电池的用途。Q 表示汽车起动用蓄电池，M 表示摩托车用蓄电池，JC 表示船舶用蓄电池，HK 表示航空用蓄电池，D 表示电动车用蓄电池，F 表示阀控型蓄电池。

（3）A 和 W 表示蓄电池的类型，A 表示干荷型蓄电池，W 表示免维护型蓄电池，若无标识表示普通型蓄电池。

（4）54 表示蓄电池的额定容量为 54 A · h（54 A · h 为充足电的蓄电池，在常温以 20 A · h 放电率电流放电，20 A · h 为蓄电池对外输出的电量）。

（5）角标 a 表示对原产品的第一次改进，名称后加角标 b 表示第二次改进，以次类推。

注：型号后加 D 表示低温起动性能好，如 6 – QA – 110D。

实际维修过程中，如需要更换蓄电池，最好更换原装电池。如果原装电池不容易购买，更换时需要考虑以下几个问题：

首先考虑安装位置的空间，如果更换更大的蓄电池，必须保证空间允许；

其次，不同品牌蓄电池性能差别很大，最好选择知名品牌蓄电池。

4. 蓄电池的作用

（1）发动机起动时，向起动机和点火系统供电；

（2）发动机低速运转时，向用电设备和发电机磁场绕组供电；

（3）发动机中、高速运转时，将发电机剩余电能转化为化学能储存起来；

（4）发电机过载时，协助发电机向用电设备供电；

（5）蓄电池相当于一个大电容器，能吸收电路中出现的瞬时过电压，保护电子元件，保持汽车电气系统电压稳定。

5. 蓄电池的结构

（1）极板。

极板是蓄电池的核心部分，蓄电池充放电过程中，电能与化学能的相互转换依靠极板上的活性物质与电解液中硫酸的化学反应来实现。极板分正、负极板两种，由栅架和活性物质组成。栅架由铅锑合金浇铸而成，锑可以提高机械强度和浇铸性能，但是会加速氢的析出而加速电解液的消耗，还会引起蓄电池自放电和栅架腐蚀，缩短蓄电池使用寿命。目前，多采用铅 – 低锑合金栅架或铅 – 钙 – 锡合金栅架。

正极板上的活性物质为二氧化铅（PbO_2），颜色为深棕色；负极板上的活性物质为海绵状纯铅（Pb），颜色为深灰色。一片正极板和一片负极板浸入电解液中，可得到2 V 左右的电动势，为增大蓄电池容量，常将多片正、负极板分别并联组成正、负极板组。

（2）隔板。

隔板在正负极板间起绝缘作用，使电池结构紧凑。隔板有许多微孔，可使电解液畅通无阻。隔板一面平整，一面有沟槽，沟槽面对着正极板且与底部垂直。在充放电时，电解液能通过沟槽及时供给正极板，当正极板上的活性物质 PbO_2脱落时能迅速通过沟槽沉入容器底部。

（3）电解液。

电解液由纯硫酸与蒸馏水按一定比例配置而成，加入每个单格电池中。电解液应符合标准，含杂质会引起自放电和极板腐烂，从而影响蓄电池寿命。

（4）外壳。

壳体用于盛装电解液和极板组。外壳应耐酸、耐热、耐振动冲击。外壳由橡胶外壳和聚丙烯塑料两种组成，普遍采用的是塑料外壳，其有壳壁薄、质量轻、易于热封合、生产效率高等优点。外壳为整体式结构，壳内间壁分成 3 个或 6 个互不相通的单格。蓄电池单格电池之间均用铅质联条串联。每个单格电池设有一个液孔，可以加注电解液或检测电解液密度。孔盖上设有通气孔，便于排出蓄电池内部气体，防止外壳涨裂，发生事故。

6. 工作原理

（1）电动势。

蓄电池的电动势是正、负极浸入电解液后产生的。负极板：铅溶于电解液中，失电子生成 Pb^{2+}——$Pb-2e \rightarrow Pb^{2+}$；电子留在负极板上，和 Pb^{2+} 吸引，使负极板具有负电位，为 -0.1 V。正极板：PbO_2溶于电解液。

$$PbO_2+2H_2O \rightarrow Pb(OH)_4$$

$$Pb(OH)_4 \rightarrow Pb^{4+}+4OH^-$$

OH^-留在电解液中，Pb^{4+}沉附在正极板表面，使正极板有 $+2.0$ V 在外电路未接通时，反应达到动态平衡时，静止电动势为：$E=2.0-(-0.1)=2.1$（V）。

（2）放电过程。

将蓄电池的化学能转换成电能的过程称为放电过程。

正极板：$Pb^{4+}+2e \rightarrow Pb^{2+}$　　$Pb^{2+}+SO_4^{2-} \rightarrow PbSO_4$

负极板：$Pb-2e \rightarrow Pb^{2+}$　　$Pb^{2+}+SO_4^{2-} \rightarrow PbSO_4$

电解液：$H^++OH^- \rightarrow H_2O$

蓄电池放电特征：

① 活性物质 PbO_2和 Pb 均逐渐变为 $PbSO_4$。

② 放电过程中，电解液密度下降，所以，可通过电解液密度判断放电程度。

③ 蓄电池内阻逐渐增大。

（3）充电过程。

将电能转换成蓄电池化学能的过程称为充电过程，它是放电反应的逆过程。

$$PbSO_4 \rightarrow Pb^{2+}+SO_4^{2-}$$

$$H_2O \rightarrow H^++OH^-$$

其中，正极板：$Pb^{2+}-2e \rightarrow Pb^{4+}$　　$Pb^{4+}+4OH^- \rightarrow Pb(OH)_4 \rightarrow PbO_2+2H_2O$

负极板：$Pb^{2+}+2e \rightarrow Pb$

电解液：$2H^++SO_4^{2-} \rightarrow H_2SO_4$

充电末期，$PbSO_4$基本还原为 PbO_2和 Pb，部分充电电流电解水，其反应方程式为：

$$2H_2O \rightarrow 4H^++2O^{2-}$$

负极：$4H^++4e \rightarrow 2H_2\uparrow$

正极：$2O^{2-}-4e \rightarrow O_2\uparrow$

总反应式：$2H_2O \rightarrow 2H_2\uparrow+O_2\uparrow$

7. 蓄电池的容量及其影响因素

（1）容量。

容量指蓄电池在规定条件下（包括放电温度、放电电流、放电终止电压）放出的电量，单位：安时（A·h）。

理论容量：假定活性物质全部参加放电反应，由活性物质质量按法拉第电化当量定律计算所得容量。

实际容量 C：蓄电池实际放出的电量。恒流放电时，$C = I_f \times t_f$，实际容量总小于理论容量。

额定容量：用 20 h 率容量表示。国标 GB 5008.1—2013《起动用铅蓄电池技术条件》规定：将充电的新蓄电池在电解液温度为 25 ℃ ±5 ℃条件下，以 20 h 率的放电电流（0.05 C20）连续放至单格电池平均电压降到 1.75 V 时，输出的电量称为额定容量。

储备容量：国标 GB 5008.1—2013《起动用铅蓄电池技术条件》规定：蓄电池在 25 ℃ ±2 ℃条件下，以 25 A 恒流放电直至单格电池平均电压降到 1.75 V 时的放电时间，单位为分钟（min）。

起动容量：起动容量表示蓄电池在发动机起动时的供电能力，分为低温起动容量和常温起动容量。

低温起动容量：电解液在 −18 ℃时，以 3 倍额定容量的电流持续放电至单格电压下降至 1 V 所放出的电量，持续时间应在 2.5 min 以上。

常温起动容量：电解液在 30 ℃时，以 3 倍额定容量的电流持续放电至单格电压下降至 1.5 V 所放出的电量，持续时间应在 5 min 以上。

（2）影响因素。

构造因素对容量的影响：极板越薄，活性物质的利用率越高，容量就越高。极板面积越大，同时参与反应的物质越多，容量就越大。同性极板中心距越小，蓄电池内阻越小，容量越大。

使用因素对容量的影响：温度越低，容量越小；大电流放电时间越长，蓄电池容量越小。

8. 新型铅蓄电池

（1）免维护蓄电池。

免维护蓄电池的结构特点：极板栅架采用铅钙锡合金制成，消除了锑的副作用；采用袋式聚氯乙烯隔板，可避免活性物质脱落、极板短路；采用新型安全通气装置；外壳由聚丙烯塑料制成，槽底无筋条。

免维护电池的优点：使用中不需加水，自放电少，耐过充电性能好，使用寿命长。

（2）干荷电蓄电池。

极板处于干燥的已充电状态和无电解液储存的蓄电池。干荷电蓄电池加足电解液后，静放 20 ~ 30 min 即可使用。干荷电蓄电池的工艺特点：在负极板的铅膏中加入抗氧化剂；在化成过程中，有一次深度放电或反复充放电循环；负极板在化成过程中进行水洗和浸渍；正负极板和隔板用特殊工艺干燥处理。

（3）胶体电解质蓄电池。

在胶体电解质蓄电池中，电解质是经过净化的硅酸钠溶液与硫酸水溶液混合后凝结成的稠状胶体物质。其优点是：电解液不会溅出；在使用维护和运输中，活性物质不易脱落；可延长使用寿命 20%；使用中无须调整密度，只需添加蒸馏水。其缺点是：胶体电解质电阻较大，内阻增加，容量降低；与极板接触不均匀，自放电较严重。

（二）检测蓄电池性能

现在车用蓄电池都是免维护蓄电池，也就是说，在蓄电池的寿命期限内，不需要对它进行加水、加硫酸等操作，蓄电池厂家也没有预留加液孔，所以不能进行维护，免维护蓄电池已经做好密封，也不需要进行维护，如果蓄电池性能不能满足要求，直接更换即可。蓄电池检测有两种方法：

（1）静态检测。

静态检测就是蓄电池没有在使用的状态下，直接用万用表测量蓄电池电压，正常电压应该高于 12 V，如果电压达不到 12 V，有可能是蓄电池已经亏电，这种情况下，应该给蓄电池充电，充满再测试，如果充满电仍然达不到要求，说明蓄电池需要更换。

（2）用蓄电池检测仪进行检测。

静态检测的结果，有时候并不准确，有的蓄电池，虽然电压能达到要求，但是起动电流却达不到要求，这种情况下，需要专用的蓄电池测试仪（见图 1－2）进行检测。

将红色夹子与蓄电池正极连接，黑色夹子与蓄电池负极连接，按下面的开关开始检测，如指针在绿色范围内表示蓄电池性能正常，如不在绿色范围内表示蓄电池起动性能不良，需要更换。

（三）认识发电机

1. 发电机的作用

发电机（见图 1－3）是汽车的主要电源，其功用是在发动机正常运转时（怠速以上），向所有用电设备（起动机除外）供电，同时向蓄电池充电。

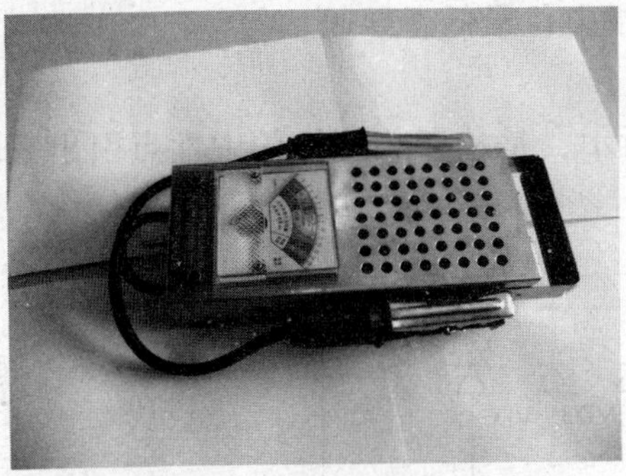

图 1－2　蓄电池测试仪

图 1－3　发电机

2. 发电机的分类

（1）普通交流发电机：使用时需要配装电压调节器的发电机。

（2）整体交流发电机：发电机和调节器制成一个整体的发电机。

（3）带泵交流发电机：和汽车制动系统用真空助力泵安装在一起的发电机。

（4）无刷交流发电机：不需要电刷的发电机。

（5）永磁交流发电机：磁极为永磁铁制成的发电机。

带泵交流发电机一般在柴油发动机的汽车上使用，因为柴油机没有节气门，无法提供制动用的真空。目前大多数汽车采用的是整体交流发电机。

3. 发电机工作原理

（1）交流发电原理，如图 1－4 所示。

在发电机内部有一个由发动机带动的转子（旋转磁场）；磁场外有一个定子绕组，绕组有 3 组线圈（3 相绕组），3 相绕组彼此相隔 120°；当转子旋转时，旋转的磁场使固定的电枢绕组切割磁力线（或者说使电枢绕组中通过的磁通量发生变化）而产生电动势。

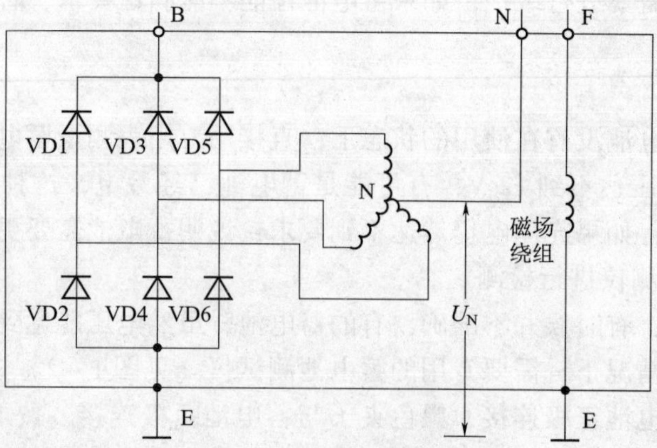

图 1-4　交流发电原理

① 整流原理。

交流发电机定子的三相绕组中，感应产生的交流电是靠六只二极管组成的三相桥式整流电路变为直流电的。

二极管具有单向导电性，当给二极管加上正向电压时，二极管导通；当给二极管加上反向电压时，二极管截止。二极管的导通原则如下：当三只二极管负极端相连时，正极端电位最高者导通；当三只二极管正极端相连时，负极端电位最低者导通。

② 中性点电压。

有的发电机具有中性点接线柱，如图 1-5 所示，是从三相绕组的中性点引出来的，标记为“N”。输出电压为 U_N，称为中性点电压。

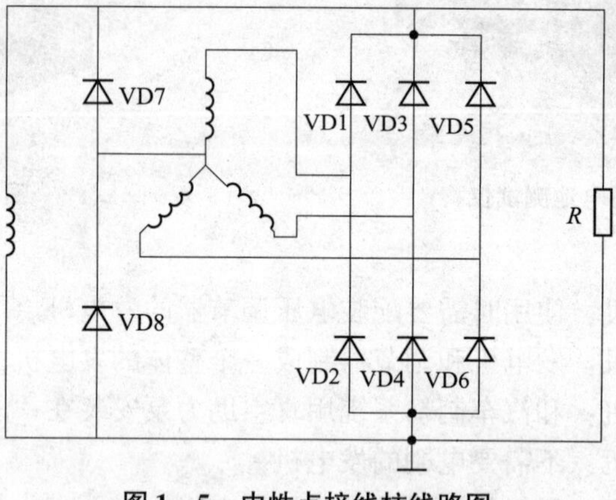

图 1-5　中性点接线柱线路图

中性点电压的平均值为发电机输出电压（平均值）的一半，带有中性点接线柱的发电机可用中性点电压来控制各种用途的继电器。

有的发电机没有中性点接线柱，但是也把中性点电压充分的利用了（如夏利、桑塔纳发电机），这些发电机在中性点处接上两只整流二极管，和三相绕组的六只整流二极管一起输出，可提高发电机功率。

4. 交流发电机的结构

交流发电机一般由转子、定子、整流器、端盖四部分组成，如图 1-6 所示。

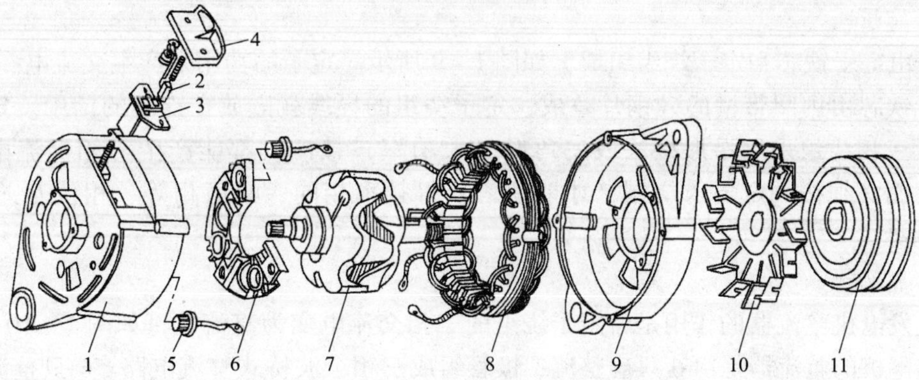

图 1－6　交流发电机

1—后端盖；2—碳刷；3—碳刷架；4—固定板；5—整流二极管；
6—整流板；7—转子；8—定子；9—前端盖；10—风扇；11—皮带轮

(1) 转子。

转子的功用是产生旋转磁场。转子由爪极、磁轭、磁场绕组、集电环、转子轴组成，如图 1－7 和图 1－8 所示。转子轴上压装着两块爪极，两块爪极各有六个鸟嘴形磁极，爪极空腔内装有磁场绕组（转子线圈）和磁轭。集电环由两个彼此绝缘的铜环组成，集电环压装在转子轴上并与轴绝缘，两个集电环分别与磁场绕组的两端相连。当两集电环通入直流电时（通过电刷），磁场绕组中就有电流通过，并产生轴向磁通，使爪极一块被磁化为 N 极，另一块被磁化为 S 极，从而形成六对相互交错的磁极。当转子转动时，就形成了旋转的磁场。

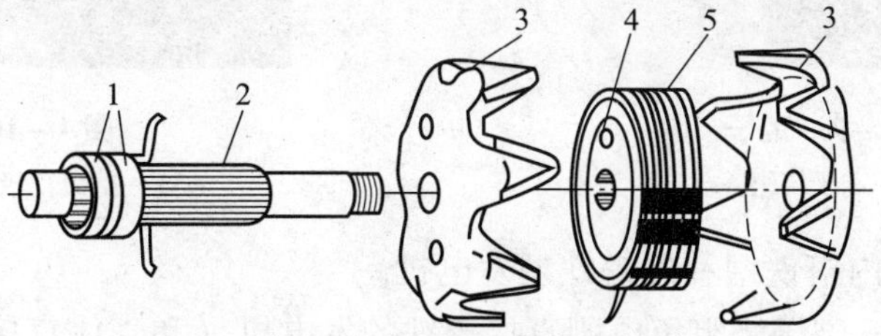

图 1－7　交流发电机的转子

1—集电环；2—转子轴；3—爪极；4—磁轭；5—磁场绕组

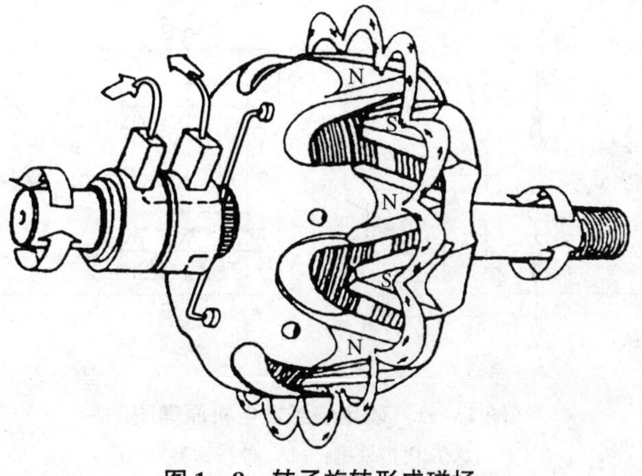

图 1－8　转子旋转形成磁场

（2）定子。

定子由定子铁芯和定子绕组组成，如图 1－9 所示。定子的功用是产生交流电。

定子铁芯由内圈带槽的硅钢片叠成，定了绕组的导线就嵌放在铁芯的槽中。定子绕组有三相，三相绕组采用星形接法或三角形（大功率）接法，都能产生三相交流电。三相绕组的线圈必须按一定要求绕制，才能使之获得频率相同、幅值相等、相位互差 120°的三相电动势。

（3）整流器。

交流发电机整流器的作用是将定子绕组的三相交流电变为直流电，如图 1－10 所示。6 管交流发电机的整流器是由 6 只硅整流二极管组成三相全波桥式整流电路。6 只整流管分别压装（或焊装）在两块整流板上。

图 1－9　定子

1—定子绕组

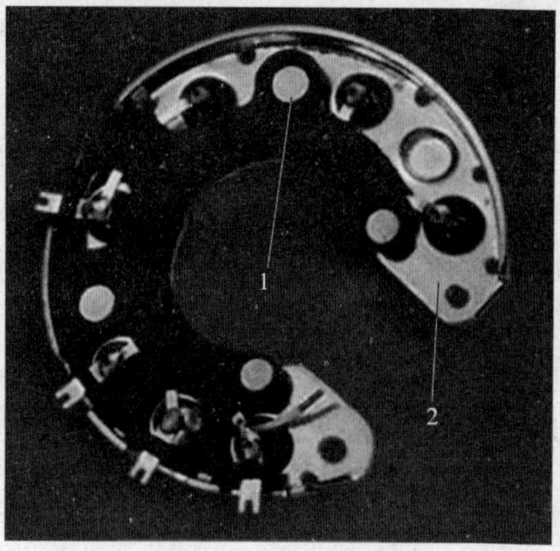

图 1－10　整流器

1—整流二极管；2—整流板

（4）磁场绕组的内搭铁型和外搭铁型发电机。

内搭铁型发电机：磁场绕组负电刷直接搭铁的发电机（和壳体直接相连）。

外搭铁型发电机：磁场绕组的两只电刷都和壳体绝缘的发电机。外搭铁型发电机的磁场绕组负极（负电刷）接调节器，通过后再搭铁，如图 1－11 所示。

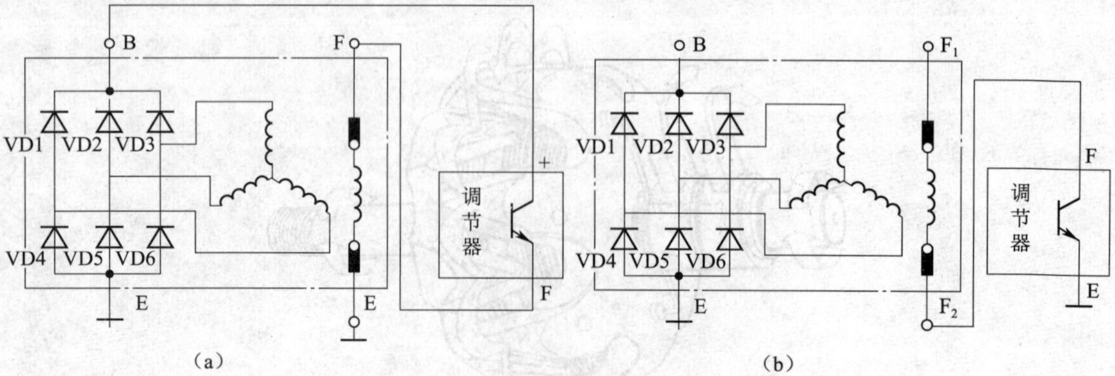

图 1－11　磁场绕组发电机原理图

（a）内搭铁型；（b）外搭铁型

5. 电压调节器

由于交流发电机的转子是由发动机通过皮带驱动旋转的，且发动机和交流发电机的速比为1.7～3，因此交流发电机转子的转速变化范围非常大，这样将引起发电机的输出电压发生较大变化，无法满足汽车用电设备的工作要求。为了满足用电设备恒定电压的要求，交流发电机必须配用电压调节器，使其输出电压在发动机所有工况下基本保持恒定。交流发电机调节器的工作原理是：当交流发电机的转速升高时，调节器通过减小发电机的励磁电流 I_f来减小磁通 Φ，使发电机的输出电压 U_B保持不变，如图1－12所示。

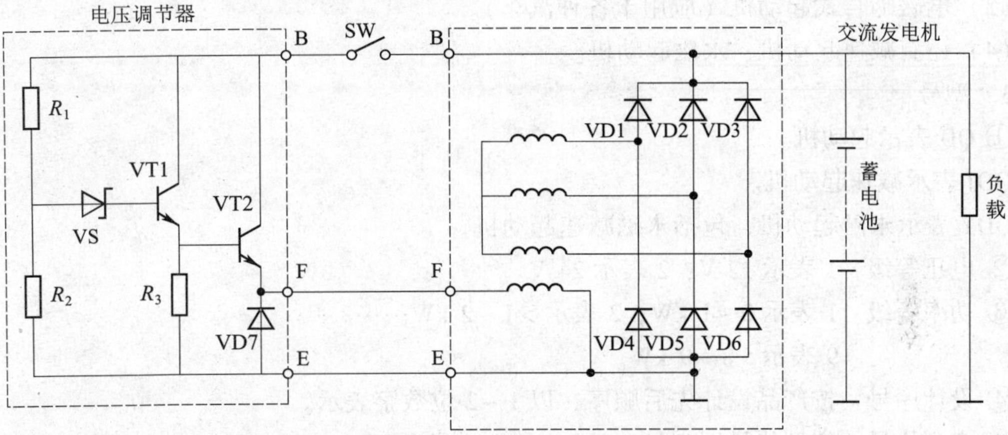

图1－12　电压调节器的工作原理

6. 交流发电机使用注意事项

（1）发电机运转时，不能用试火的方法检查发电机是否发电，否则会烧坏二极管；

（2）整流器和定子绕组连接时，禁止用220 V交流电源检查发电机的绝缘情况；

（3）发电机与蓄电池之间的连接要牢靠，如突然断开，会产生过电压损坏发电机或调节器的电子元件。

（四）起动机的构造和原理

汽车发动机由静止状态变为运转状态的过程称为起动，发动机的起动必须借助外力实现，起动机就是使发动机由静止变为运转的一个器件，如图1－13所示。

1. 组成

起动机的组成，如图1－14所示。

图1－13　起动机

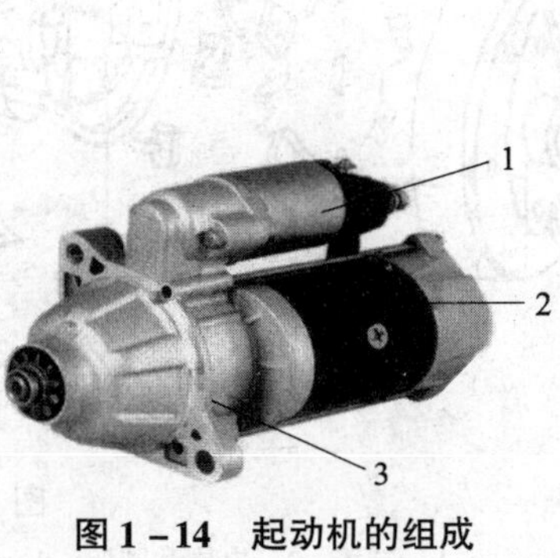

图1－14　起动机的组成

1—控制机构；2—直流电动机；3—传动机构

直流电动机——产生电磁转矩。

传动机构（啮合机构）——起动时，啮合传动；起动后，打滑脱开。

控制机构（电磁开关）——接通、切断电动机与蓄电池之间的电路。

2. 分类

根据起动机的传动机构和控制装置的不同，起动机可以分为以下四种：

(1) 惯性啮合式起动机（基本不采用）。

(2) 强制啮合式起动机（基本不采用）。

(3) 电磁啮合式起动机（应用于各种汽车）。

(4) 还有减速起动机、永磁起动机。

3. 型号

① QD 表示起动机。

QDJ 表示减速起动机。

QDY 表示永磁起动机，包括永磁减速起动机。

② 电压等级：1 表示 12 V；2 表示 24 V。

③ 功率等级：1 表示 0 ~1 kW；2 表示 >1 ~2 kW……
9 表示 >8 ~9 kW。

④ 设计序号：按产品设计先后顺序，以 1 ~2 位数字表示。

⑤ 变型代号：变型代号用字母 A，B，C……顺序表示。

例如：QD1225——12 V，1 ~2 kW，第 25 次设计的起动机。

(1) 直流电动机。

直流电动机的组成，如图 1 –15 所示。

电枢：产生电磁转矩。

磁极：产生磁场。

换向器：改变电流方向。

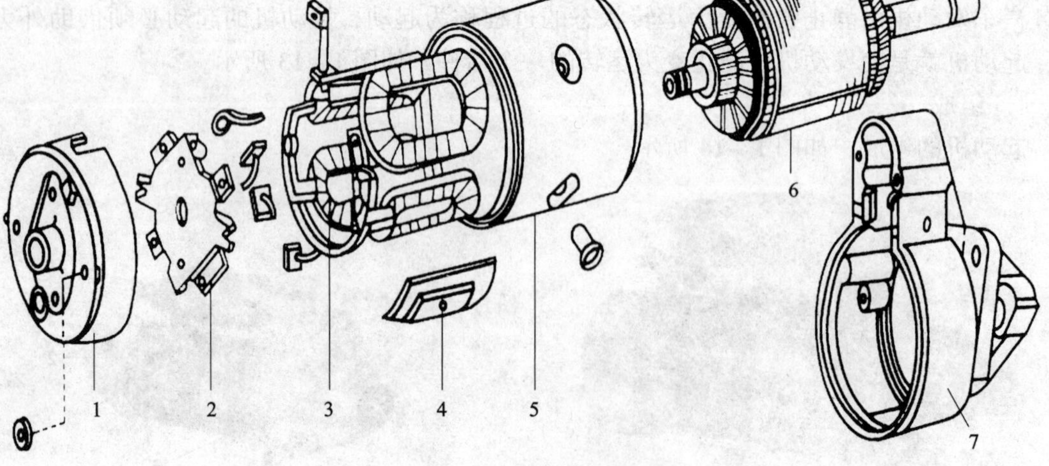

图 1 –15　直流电动机的组成

1—端盖；2—电刷和刷架；3—磁场绕组；4—磁极铁芯；5—机壳；6—电枢；7—后端盖

电刷组件：引入电流。

壳体：安装磁极，固定机件。

① 电枢（转子），如图 1－16 所示。

电枢主要由电枢轴、电枢绕组、铁芯和换向器组成。它的作用是产生电磁转矩。电枢铁芯由硅钢片叠压而成，内以花键固定在电枢轴上。铁芯槽内嵌电枢绕组，为了获得较大的电磁转矩，流经电枢绕组的电流很大（一般汽油发动机为 200～600 A，柴油发动机可达 1 000 A），因此，电枢绕组都用较粗的矩形裸铜线绕制。换向器的作用是将电流引入电枢绕组并使不同磁极下导线中的电流方向保持不变。换向器由截面成燕尾的铜片围合而成。燕尾形铜片称为换向片，换向片与换向片之间以及换向片与轴承之间用云母绝缘。

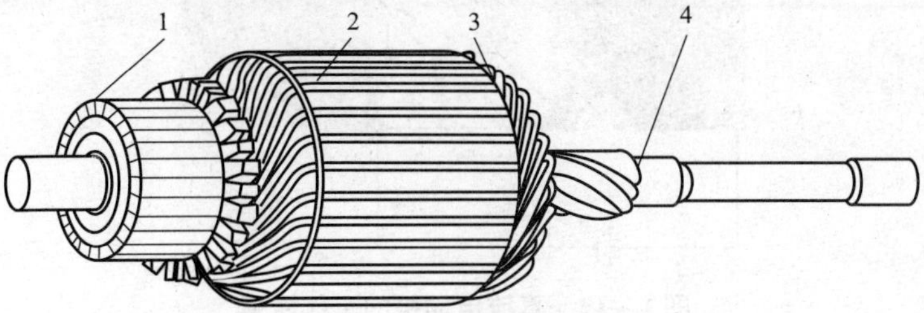

图 1－16　电枢（转子）

1—换向器；2—铁芯；3—绕组；4—电枢轴

② 磁极，如图 1－17 所示。

磁极的作用是建立电动机的磁场。由外壳、磁极、磁场线圈等部分组成。外壳内壁装有四个磁极（有些是两个磁极），在其上面装有磁场线圈，相对的是同极，相邻的是异极。磁场线圈用扁而粗的铜线（或小铜线）并联的方法绕成。磁场线圈采用串联或并联，一端与外壳上的绝缘接柱（即磁场接柱）相连，另一端与正电刷相连。

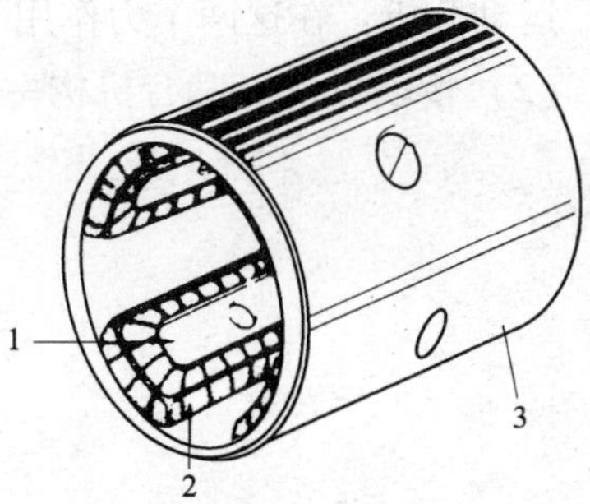

图 1－17　磁极

1—磁极铁芯；2—励磁线圈；3—外壳

③ 电刷组件，如图 1－18 所示。

电刷组件由电刷、电刷架和电刷弹簧组成。电刷用铜粉和碳粉（或石墨）压制而成，一般有四个，相对的电刷为同极。两个负电刷搭铁，两个正电刷接磁场线圈，它们在压簧的作用下紧密地与换向器接触。

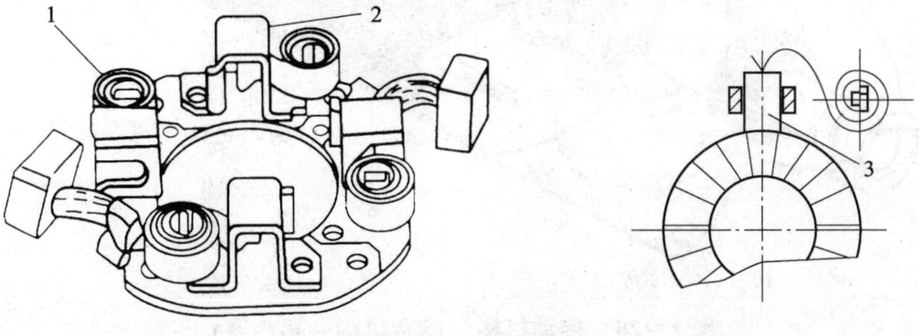

图 1－18　电刷组件

1—电刷弹簧；2—电刷架；3—电刷

④ 直流电动机的工作原理，如图 1－19 所示。

将通电导线放入磁场中，导线会在磁场力的作用下做有规律的运动（其运动方向可以用左手定则来判断），这是直流电动机能够转动的基本道理。一个线圈的电动机，虽能旋转，但转动力量小，转速也不稳定，而且在某些位置时不能转动。所以，实际使用的起动电动机都是由较多的线圈和配有相应换向片构成，同时采用多对电磁铁来产生较强的磁场，但其工作原理还是一样的。

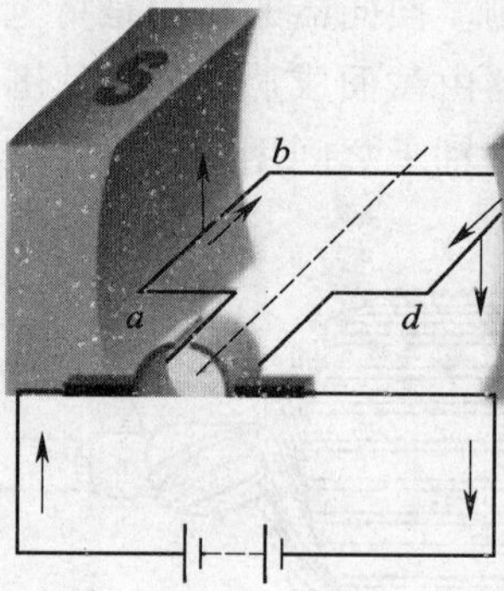

图 1－19　直流电动机的工作原理

受力分析：由左手定则得 ab 受力向上，cd 受力向下，这两个力不是平衡力。

运动分析：在这两个力作用下，线圈做顺时针转动。

（2）传动机构（啮合机构—离合器），如图 1－20 所示。

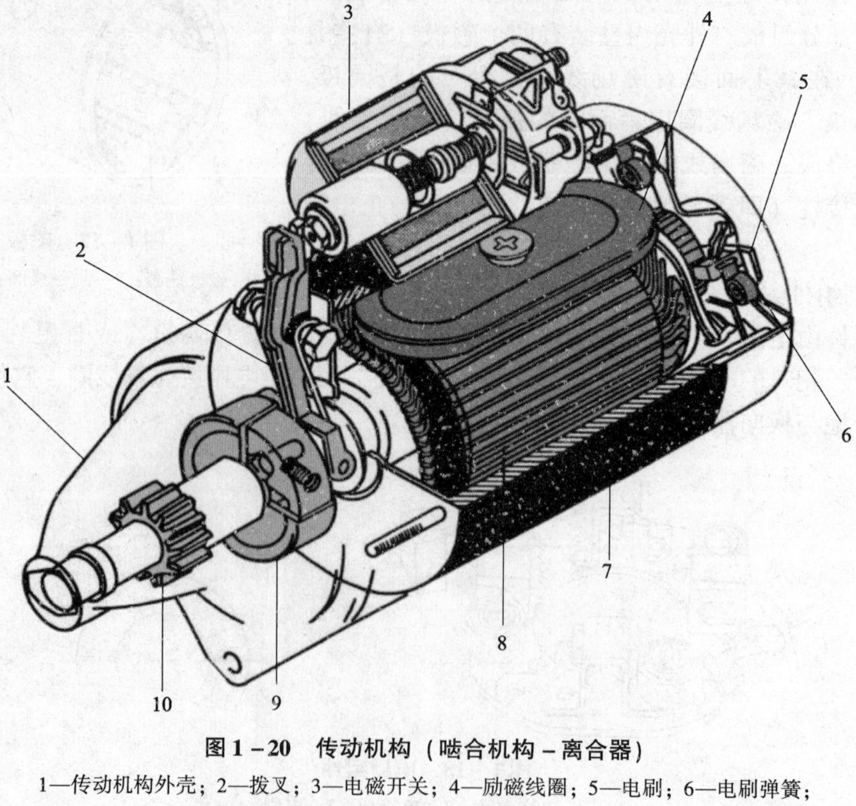

图 1－20　传动机构（啮合机构－离合器）

1—传动机构外壳；2—拨叉；3—电磁开关；4—励磁线圈；5—电刷；6—电刷弹簧；
7—外壳；8—电枢；9—起动机离合器；10—传动齿轮

离合器有多种形式，通常汽车起动机普遍采用超越式离合器，当离合器的动力输出部分（内环或外环）转速比动力源（内环或外环）还快时，离合器处于解脱状态，内外环没有任何联动关系。

离合器的作用是：

① 在起动发动机时，将起动机产生的动力传给飞轮，以带动发动机起动；

② 当发动机起动后，迅速将发动机与起动机间的动力切断，避免起动机超速旋转而损坏。

离合器的工作情况如下：

发动机起动时，使起动机的驱动齿轮和发动机飞轮齿环啮合，将电动机的转矩传给飞轮。

发动机起动后，其转速大于起动机，起动机上的超越式离合器反向打滑，自动切断动力传递，防止电动机被发动机带动、超速旋转而破坏。

断开起动机控制开关，起动机的驱动齿轮和发动机飞轮齿圈脱开，如图 1－21 所示。

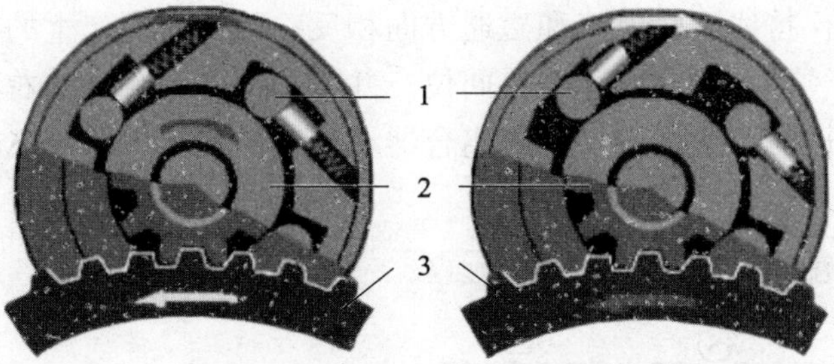

（a）　（b）

图 1－21　发动机起动工作原理图

（a）起动发动机时；（b）发动机运转时

1—滚柱；2—驱动齿轮；3—飞轮

（3）控制机构（电磁开关）。

控制机构的作用是控制驱动齿轮和飞轮的啮合与分离。电磁开关主要由电动机开关和磁力线圈组成。磁力线圈的作用：用电磁力来操纵啮合器和电动机开关，如图 1－22 所示。

4．起动机的工作原理

（1）起动机发动时，起动系统工作原理：起动点火开关，主电路接通，保持线圈和吸引线圈同时通电，两线圈产生的磁通方向相同，使固定铁芯和活动铁芯被磁化，在其磁力的共同作用下，活动铁芯向右移动，并带动拨叉向左移动，使驱动齿轮和飞轮齿轮啮合。当吸引线圈电流流过励磁绕组和电枢绕组时，电枢轴便以较慢速度转动，以便驱动齿轮与飞轮齿圈柔和啮合。当驱动齿轮和飞轮齿圈接近完全啮合时，活动铁芯带动推杆右移时触盘将起动机主电路接通，此时吸引线圈被短路，保持线圈的电磁力使触盘与触点可靠接触对电动机供电。起动机主电路接通时，电枢绕组和励磁绕组通过的电流很大（400 A 左右），产生电磁转矩驱动飞轮旋转，当转速大到一定值时，发动机便被起动。

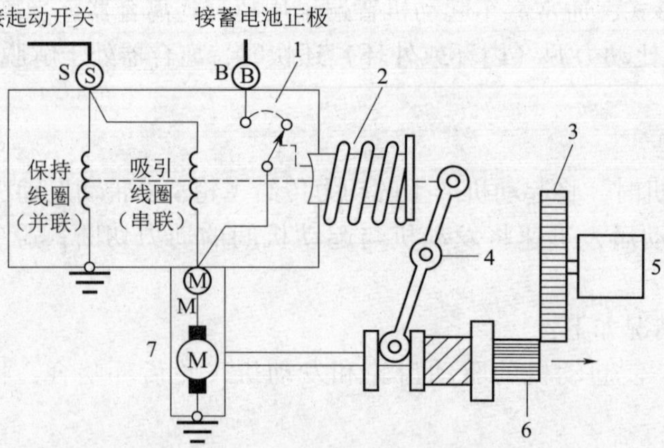

图 1－22　控制装置工作原理图

1—电磁开关；2—复位弹簧；3—飞轮；4—拨叉；5—发动机；6—驱动齿轮；7—直流电动机

（2）发动机起动后，起动系统的工作原理：当发动机起动后，放松点火钥匙，点火开关将自动转回一个角度，起动挡断开，吸引线圈电路路径改变，即和保持线圈电流路径相反。此时吸引线圈和保持线圈的电流和磁通方向相反，两个线圈产生的磁力相互抵消，在回位弹簧的张力作用下，活动铁芯立即右移回位，并带动推杆和触盘向右移动，使起动机主电路切断而停转。与此同时，拨叉带动单向离合器左移，使驱动齿轮与飞轮齿圈分离，起动机工作结束，如图 1－23 所示。

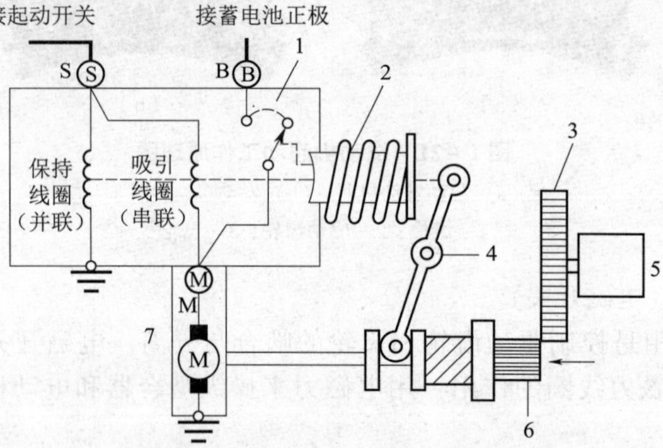

图 1－23　发动机起动系统工作原理图

1—电磁开关；2—复位弹簧；3—飞轮；4—拨叉；5—发动机；6—驱动齿轮；7—直流电动机

三、项目实施

任务一：拆装发电机

1．实施目的及要求

（1）通过该任务的实施，应能够对发电机进行熟练拆装操作。

（2）通过对发电机的拆装，进一步掌握发电机的构造和工作原理。

（3）实训设备及仪器：拆装工具、发电机总成、操作台、电烙铁、焊锡丝等工具。

2. 实施步骤

(1) 拆卸发电机皮带轮，如图1-24所示。

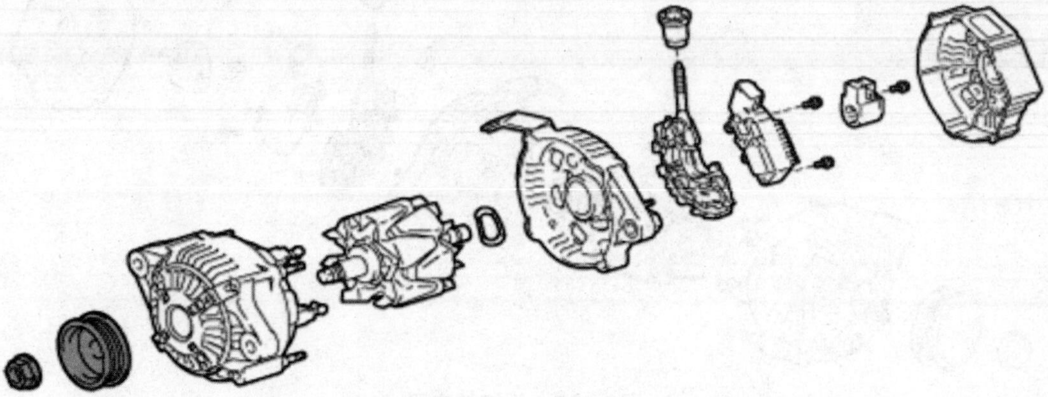

图1-24 拆卸发电机皮带轮

(2) 拆卸发电机电刷座总成，如图1-25所示。

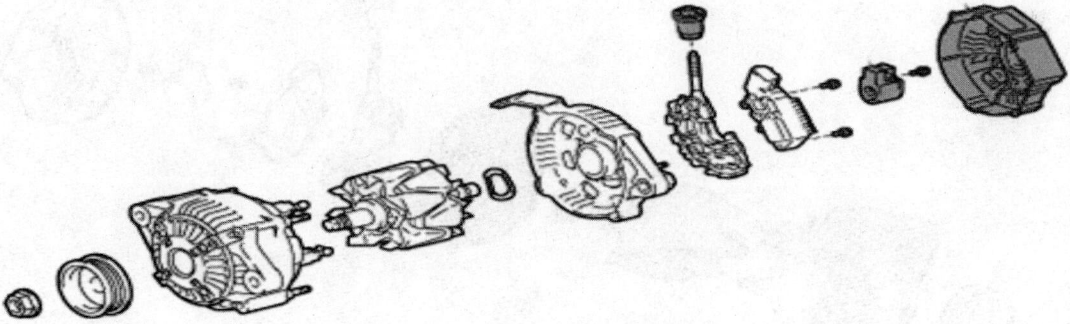

图1-25 拆卸发电机电刷座总成

(3) 拆卸发电机调节器总成，如图1-26所示。

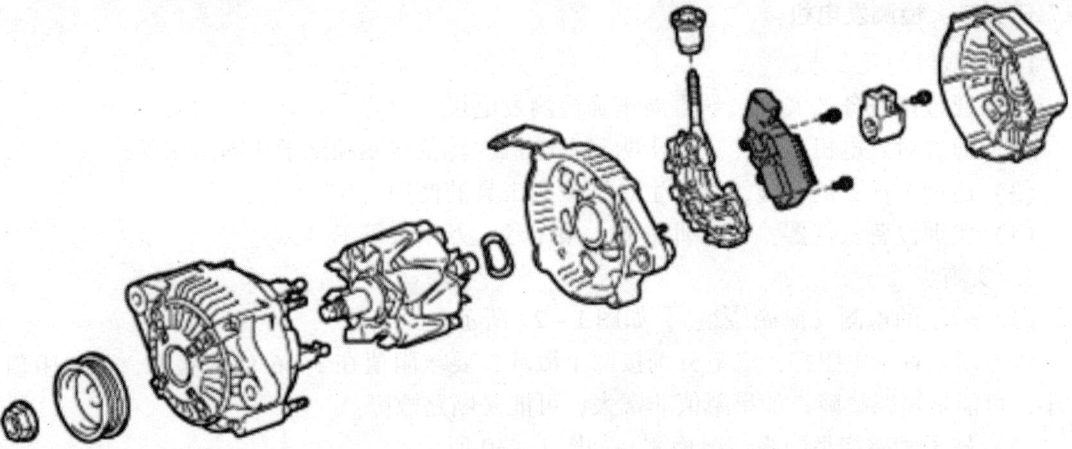

图1-26 拆卸发电机调节器总成

（4）拆卸整流器，如图 1－27 所示。

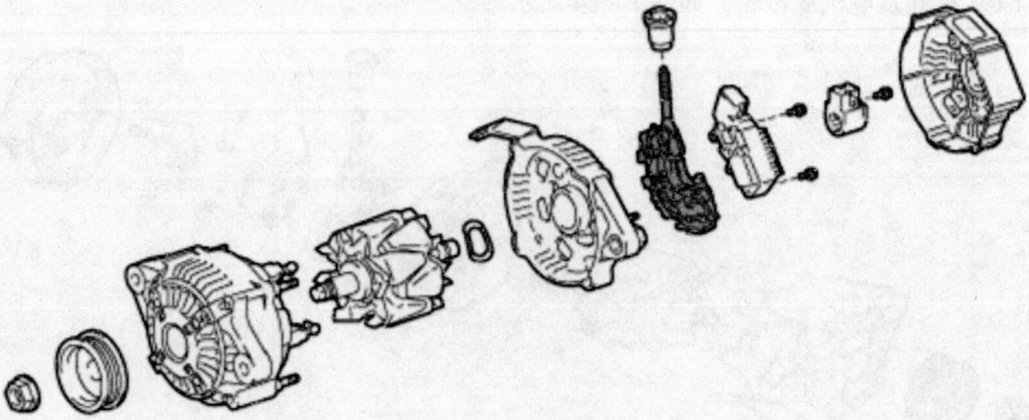

图 1－27　拆卸整流器

（5）拆卸发电机转子总成，如图 1－28 所示。

图 1－28　拆卸发电机转子总成

任务二：检测发电机

1. 实施目的及要求

（1）通过该任务的实施，学生能正确检测发电机。

（2）通过对发电机检测，进一步明确发电机的转子线圈和定子线圈的作用。

（3）通过本任务的实施，使学生熟练检测工具的使用。

（4）实训设备及仪器：发电机总成、操作台、万用表等工具。

2. 实施步骤

（1）转子的检测（励磁绕组），如图 1－29 所示。

将万用表置于电阻挡，表笔分别接两个滑环，要求阻值在 3～6 Ω 为正常，如果阻值非常小，可能是短路故障；如果阻值非常大，可能是断路故障。

（2）转子励磁绕组绝缘情况检测，如图 1－30 所示。

检测转子励磁绕组的绝缘情况，就是检测励磁绕组是否与壳体之间有短路故障，检测方法是：将万用表置于电阻挡，表笔一支接滑环，另外一支接转子轴，电阻阻值为无穷大为正常，如果阻值过小，为绝缘不良故障。

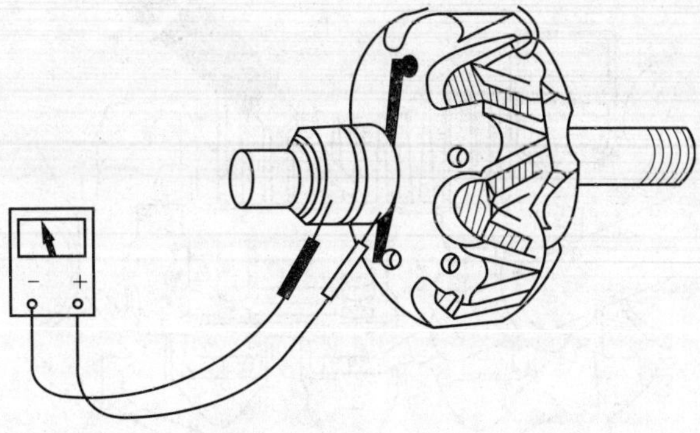

图 1－29　转子的检测

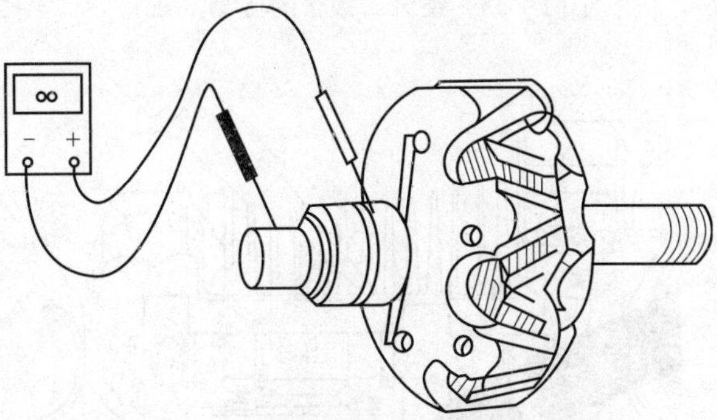

图 1－30　转子励磁绕组绝缘情况检测

（3）定子的检测，如图 1－31 所示。

将万用表置于电阻挡，黑表笔接三个端子之一，红表笔分别接另外两个端子，要求两次测量的阻值，基本一致，阻值应该在 1 Ω 以下但不为 0 为正常，如果阻值很大，说明定子绕组发生断路故障；如果阻值为 0，说明定子绕组短路。

（4）定子的搭铁情况检测，如图 1－32 所示。

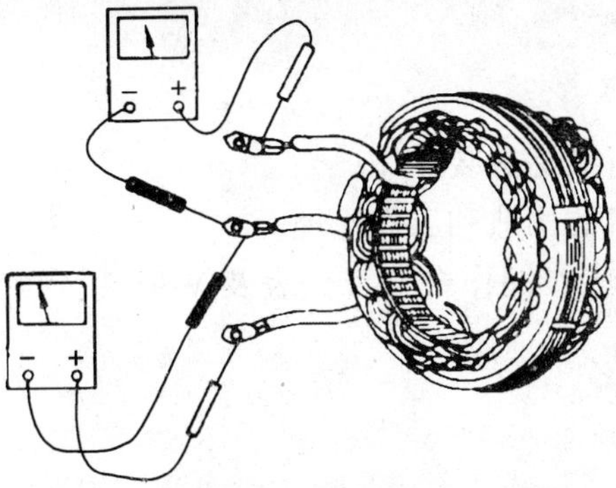

图 1－31　检测定子

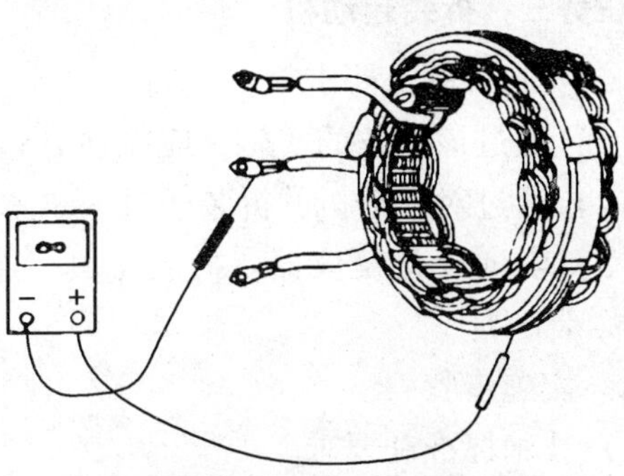

图 1－32　定子的搭铁情况检测

检测定子绕组的绝缘情况，就是检测定子绕组是否与壳体之间有短路故障，检测方法是：将万用表置于电阻挡，表笔一支接三个端子任意一个，另外一支接定子硅钢片，电阻阻值无穷大为正常，如果阻值过小，为绝缘不良故障。

（5）整流二极管的检测，如图 1－33 和图 1－34 所示。

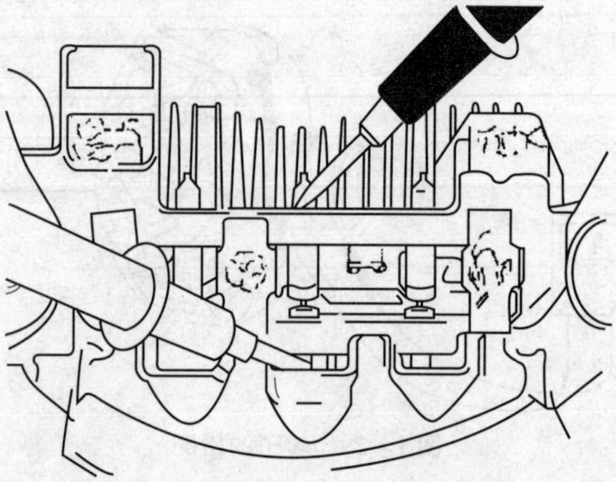

图 1－33　整流二极管的检测（正）

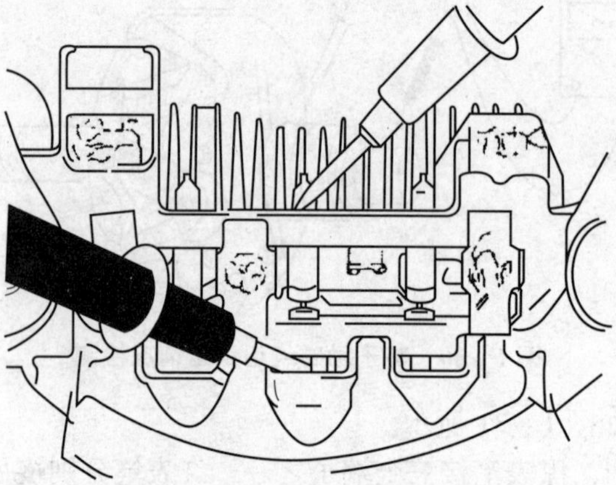

图 1－34　整流二极管的检测（反）

检测整流二极管，要求每个二极管测两次，正反向各一次，测量结果为单向导通，满足二极管的特性，否则说明二极管损坏。

任务三：拆装起动机

1．实施目的及要求

（1）通过该任务的实施，应能够对起动机进行熟练拆装操作。

（2）通过对起动机的拆装，进一步掌握起动机的构造和工作原理。

（3）实训设备及仪器：拆装工具、起动机总成、操作台、百分表及 V 形铁、弹簧秤、厚薄规等工具。

2．实施步骤

1．技术标准和要求

（1）电枢轴径向圆跳动应不大于 0.10～0.15 mm，电枢轴的轴向间隙应不大于 0.05～1.00 mm；轴颈外径与衬套内径配合间隙应为 0.035～0.077 mm，最大不超过 0.15 mm。

（2）换向器失圆度应不大于 0.05 mm，换向器直径应不小于标准值 1.10 mm。

（3）电刷磨损后的高度不应小于电刷原高度的一半，一般不小于 10 mm；电刷与换向器的接触面积不低于 80%；电刷弹簧的弹力应为 11.76～14.7 N。

2. 解体起动机

（1）清除外部尘污和油垢；

（2）拆下防尘箍，用铁丝钩提起电刷弹簧，将电刷取出；

（3）取下穿心螺栓，分离前端盖、外壳和电枢；

（4）拆下中间轴承板、拨叉和啮合器；

（5）解体后，清洗擦拭各零件。金属零件用煤油或汽油，绝缘零件用布或浸汽油的布擦拭。

3. 检修起动机

（1）转子总成的检修。

① 电枢轴。

a. 用游标卡尺检测轴颈外径与衬套内径的配合间隙，应与标准相符，若间隙过大应更换衬套并重新铰配。

b. 如图 1－35 所示，用百分表检测电枢轴径向圆跳动，应与标准相符，否则应予以校正。

② 换向器。

a. 检查换向器表面有无烧蚀，轻微烧蚀用 00 号砂纸打磨，严重时应车削。

b. 用百分表检测换向器失圆度和外径，应与标准相符，否则在车床上修整。

③ 电枢绕组。

a. 电枢绕组搭铁的检查：如图 1－36 所示，用万用表测量换向器和铁芯（或电枢轴）之间的电阻，应为∞，否则为搭铁；也可用交流试灯检查，灯亮表示搭铁故障。

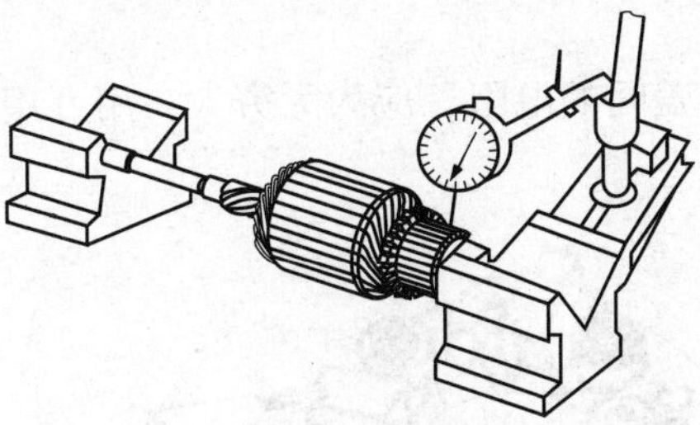

图 1－35　用百分表检测电枢轴径向跳动

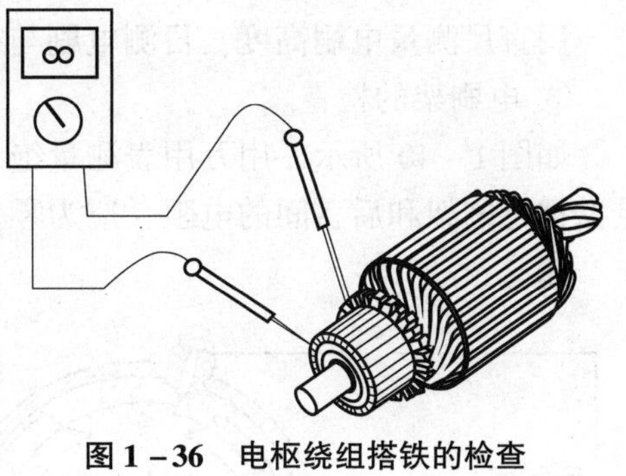

图 1－36　电枢绕组搭铁的检查

b. 电枢绕组短路的检查：如图 1－37 所示，把电枢放在电枢检验器上，接通电源，将薄钢片放在电枢上方的线槽上，并转动电枢。薄钢片应不振动，若薄钢片振动，表明电枢绕组短路。

c. 电枢绕组断路的检查：目测电枢绕组的导线是否甩出或脱焊。再用万用表两触针依次与两相邻换向器铜片接触，所测电阻值应一样。如果读数不一样，则说明断路。电枢绕组有严重搭铁、短路或断路时，应更换电枢总成。

（2）定子绕组的检修。

① 磁场绕组搭铁的检查。

如图 1－38 所示，用万用表测量起动机接线柱和外壳间的电阻，阻值应为无穷大，否则为搭铁故障；也可用 220 V 的交流试灯检测。

② 磁场绕组断路的检查。

用万用表测量起动机接线柱和绝缘电刷间的电阻，阻值应很小，若为无穷大则为断路。

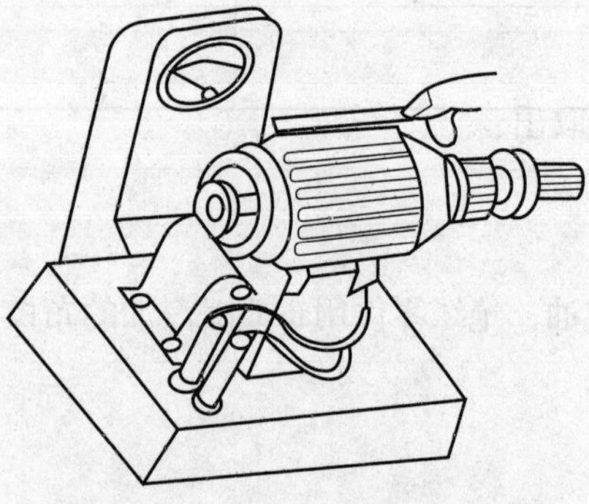

图 1－37　电枢绕组短路的检查

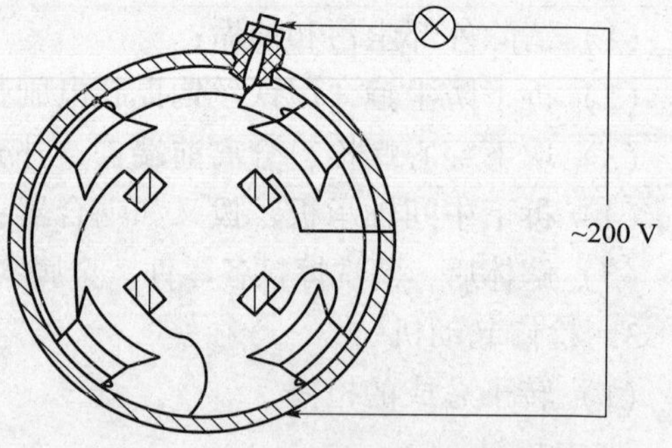

图 1－38　磁场绕组搭铁的检查

③ 磁场绕组短路的检查。

如图 1－39 所示，用蓄电池 12 V 直流电源正极接起动机接线柱，负极接绝缘电刷，将起子放在每个磁极上，检查磁极对起子的吸力，应相同。若某磁极吸力弱，则为匝间短路。

磁场绕组有严重搭铁、短路或断路时，应更换新品。

(3) 电刷组件的检修。

① 电刷外观检查。

电刷在架内活动自如，无卡滞，不歪斜。

② 电刷磨损检查。

用直尺测量电刷高度，目测电刷与换向器的接触面积，均应符合标准。

③ 电刷架的检查。

如图 1－40 所示，用万用表测量绝缘电刷架和后盖间的电阻，应为无穷大；用万用表测量搭铁电刷架和后盖间的电阻，应为零。

图 1－39　磁场绕组短路检查

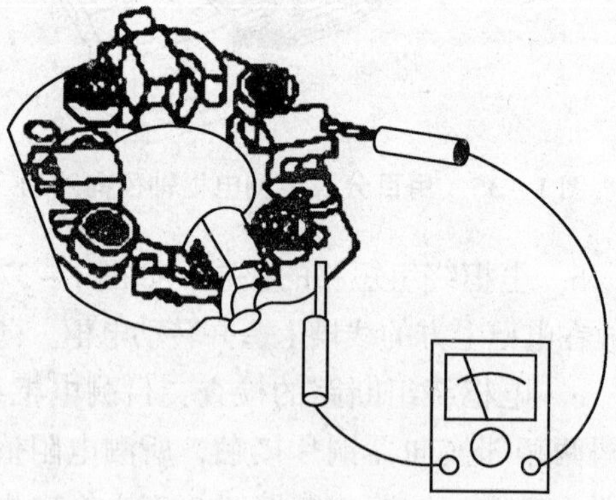

图 1－40　电刷架的检查

④ 电刷弹簧检查。

用弹簧秤检查弹簧的弹力，应与规定相符。视故障情况予以修理或更换。

(4) 单向离合器的检修。

① 离合器磨损检查。

目测离合器齿轮及离合器内花键槽有无严重磨损，若磨损严重，应予以焊修或更换。

② 离合器最大扭矩测量。

如图 1－41 所示，将单向离合器齿轮用布包好夹在台钳上，将扭力扳手的头插入啮合器的花键内，按其工作的方向扳转扭力扳手，应能承受制动试验时的最大扭矩而不打滑。

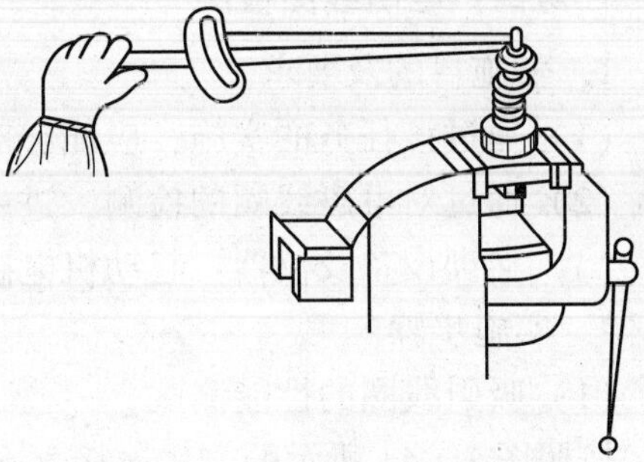

图 1－41　离合器最大扭矩测量

（5）起动机装复与调整。

起动机按分解的相反顺序装复：

① 将离合器和移动叉装入后端盖内；

② 装入中间轴承支撑板；

③ 将电枢轴插入后端盖内；

④ 装上电动机外壳和前端盖，并用长螺栓紧固；

⑤ 装电刷和防尘罩；

⑥ 装起动机开关。

起动机装复后应转动灵活，各摩擦部位涂润滑油予以润滑，电枢轴的轴向间隙应符合标准。

起动机调整：

① 驱动齿轮与限位环间隙的检查、调整。

如图 1－42 所示，将引铁拨至前端极限位置，用厚薄规测量驱动齿轮端面与限位环之间间隙，应与标准相符。若不符合要求应抽出销子，拧松固定螺母，转动连杆进行调整。拧入连杆，间隙减小；反之则间隙增大。

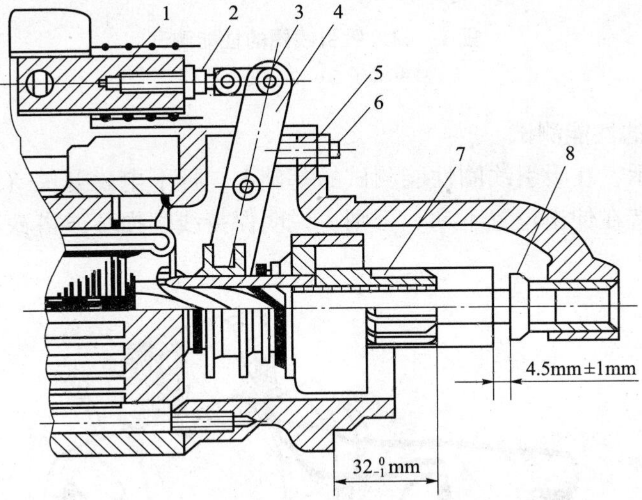

图 1－42　驱动齿轮与限位环间隙的检查调整

1—引铁；2，5—固定螺母；3—销子；4—拨叉；6—限位螺钉；7—驱动齿轮；8—限位环

② 起动机驱动齿轮端面与端盖凸缘距离的调整。

驱动齿轮端面与端盖凸缘间应有一定的距离，一方面是防止驱动齿轮分离时冲击电枢线圈；另一方面是保证在分离状态时，驱动齿轮与飞轮不会相碰。调整时应松开固定螺母，转动限位螺钉进行调整。

任务四：电磁线圈检测

1. 实施目的及要求

（1）通过该任务的实施，应能够对起动机电磁线圈进行检测。

（2）通过对电磁线圈的检测，进一步明确电磁线圈的构造和工作原理。

（3）实训设备及仪器：起动机电磁线圈、操作台、万用表等工具。

2. 实施步骤

（1）吸引线圈的性能测试。

按照图 1－43 所示的方法连接蓄电池与电磁起动开关。

将电磁开关上与起动机连接的端子（C）断开，与蓄电池负极连接。电磁开关壳体与蓄电池负极连接。将电磁开关上与点火开关连接的端子（50）与蓄电池正极连接，此时，起动机驱动齿轮应向外移出，否则说明电磁开关有故障，应予以修理或更换。

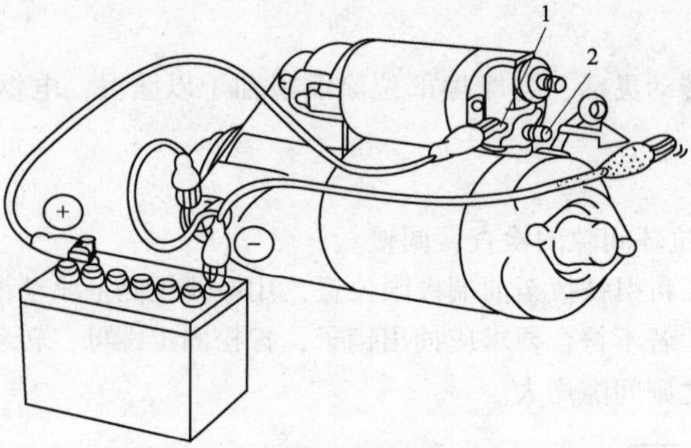

图 1－43　吸引线圈的性能测试

1—端子 50；2—端子 C

（2）保持线圈的性能测试。

如图 1－44 所示，在吸引线圈性能测试的基础上，拆下电磁开关（C）端子上的线，此时，驱动齿轮应保持在伸出位置不动。否则，说明保持线圈损坏或搭铁不正常，应修理或更换电磁开关。

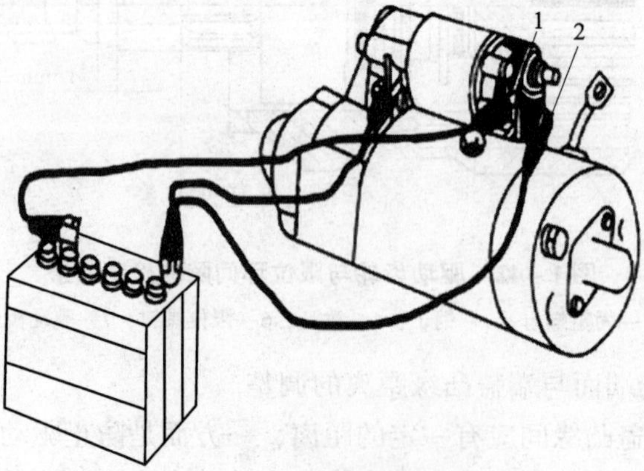

图 1－44　保持线圈的性能测试

1—端子 50；2—端子 C

任务五：起动机故障诊断

1. 起动机不转

（1）故障现象：

点火开关转到起动挡，起动机不能转动且无任何动作迹象。

（2）故障原因：

① 电源故障检查线路图，如图 1 – 45 所示。蓄电池严重亏电或极板硫化、短路，蓄电池极桩与线夹接触不良，起动电路导线连接处松动而接触不良等。

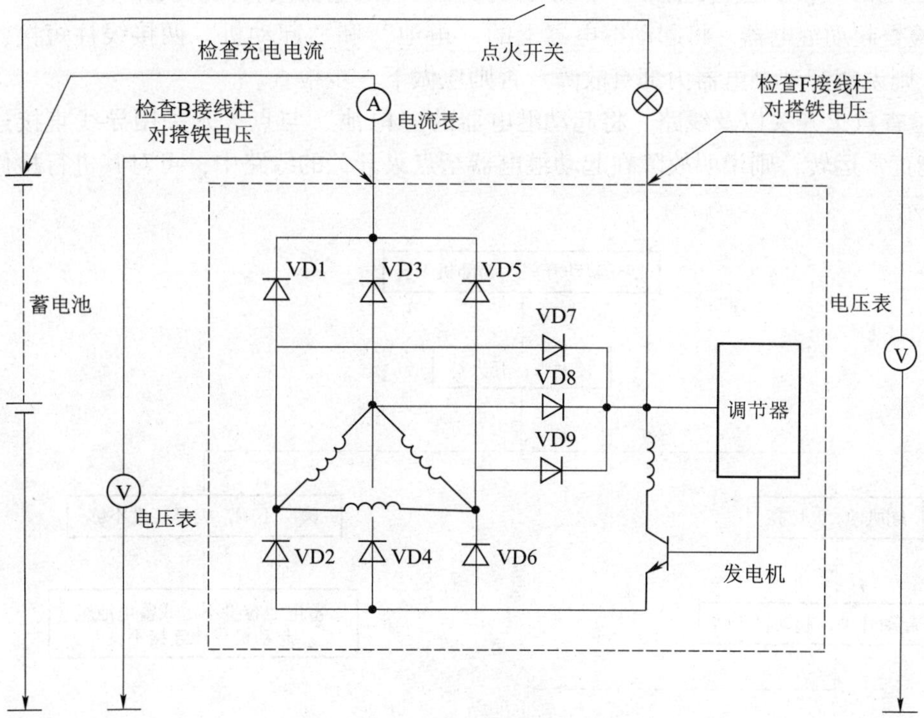

图 1 – 45　电源故障检查线图路

② 防盗系统起作用。

③ 自动变速器操纵杆没有置于“P”位或“N”位。操纵杆置于前进挡或倒挡时，发动机均不能起动。

④ 起动机故障。换向器与电刷接触不良，励磁绕组或电枢绕组有断路或短路，绝缘电刷搭铁，电磁开关线圈断路、短路、搭铁或其触点烧蚀而接触不良等。

⑤ 起动继电器故障，起动继电器线圈断路、短路、搭铁或其接触点接触不良。

⑥ 点火开关故障。点火开关接线松动或内部接触不良。

⑦ 起动系统线路故障。起动系统线路断路、接触不良或松脱等。

（3）故障诊断与排除。

① 观察自动变速器操纵杆位置，应置于“P”位或“N”位，否则，发动机不能起动。

② 检查汽车防盗系统，如果防盗系统已起作用，应予以解除。

③ 检查电源。按喇叭，如果喇叭声音小或者嘶哑，说明电源有问题，应先检查蓄电池

极桩与线夹以及起动电路导线接头处是否有松动，触摸导线连接处是否发热。若某连接处松动或发热则说明该处接触不良，如果线路连接无问题，则应对蓄电池或充电器系统进行检查。

④ 检查起动机。如果电源无问题，用起子将起动机电磁开关上连接蓄电池和电动机导片的连接柱短接，起动机不转，则说明是电动机内部有故障，应拆除起动机；如果起动机空转正常，则进行以下步骤检查。

⑤ 检查电磁开关。短接起动机电磁开关，若起动机不转，则说明电磁开关有故障，应予以更换；如果起动机运转正常，则说明故障在起动继电器或有关的线路上。

⑥ 检查起动继电器。将起动继电器上的“电池”和“起动机”两接线柱短接，若起动机转动，则说明起动继电器内部有故障。否则应做下一步检查。

⑦ 检查点火开关以及线路。将起动继电器的“电池”与点火开关用导线直接连接，若起动机能正常运转，则说明故障在起动继电器至点火开关的线路中，可对其进行检修，如图 1－46 所示。

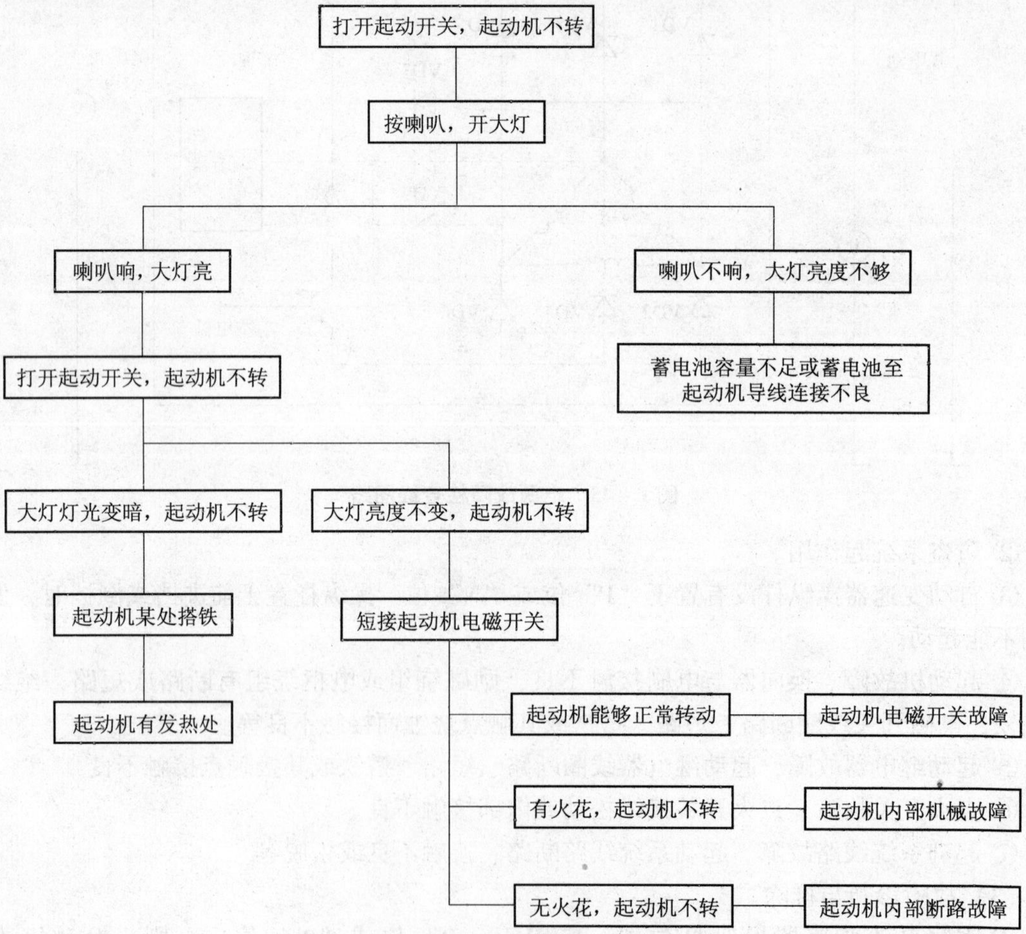

图 1－46　点火开关及线路的检查步骤

若起动起动机不转，还可以通过测量开关接线柱上的电压来确定故障部位，其检测流程如图 1－47 所示。

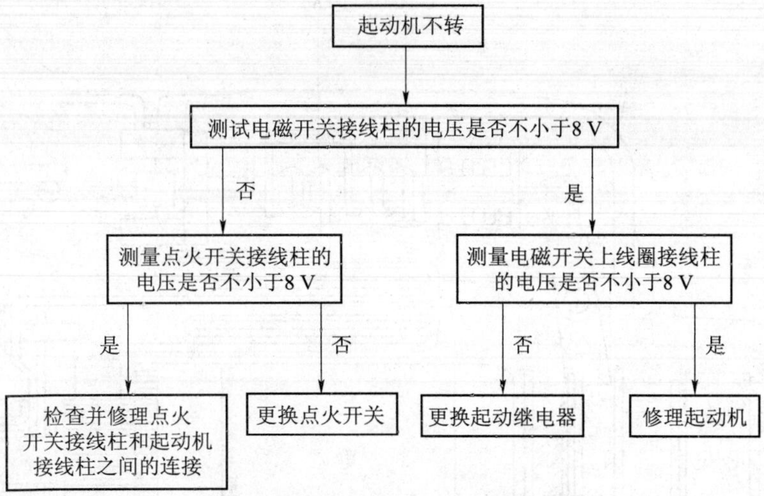

图 1-47　起动机不转的检测流程

2. 起动机转动无力

(1) 故障现象:

起动时, 起动机转动缓慢无力, 带动发动机困难; 或接通起动开关, 起动机只有“咔嗒”声却不能转动。

(2) 故障原因:

① 蓄电池电量不足或连接导线松动, 接触不良。

② 起动机轴承过紧或松旷, 电枢轴弯曲有时擦碰磁极, 整流子与电刷之间脏污或者电刷磨损过短, 弹簧过软, 电枢和磁场线圈短路。

③ 起动开关触点烧蚀或电磁开关线圈短路。

④ 电枢移动式起动机串联辅助线圈断路或短路。

⑤ 发动机故障导致转动阻力太大。

(3) 故障诊断与排除:

起动机转动无力与起动机不转这两种故障的产生因素基本一样, 只是程度不同, 因此其检测过程基本相同。

3. 起动机空转

(1) 故障现象:

接通起动开关后, 只有起动机快速旋转而发动机不转。

(2) 故障原因:

起动机空转, 表明起动机电路正常, 而其驱动小齿轮不能啮入飞轮齿圈带动发动机转动, 故障部位在起动机的传动装置和飞轮齿圈, 具体原因如下:

① 机械强制式起动机 (图 1-48) 的拨叉脱槽, 不能推动驱动小齿轮, 或其进行程调整不当, 不能进入啮合。

② 电磁控制式起动机的电磁开关铁芯行程太短。

③ 电枢移动式起动机 (图 1-49) 辅助线圈短路或断路, 不能将电枢带到工作位置。

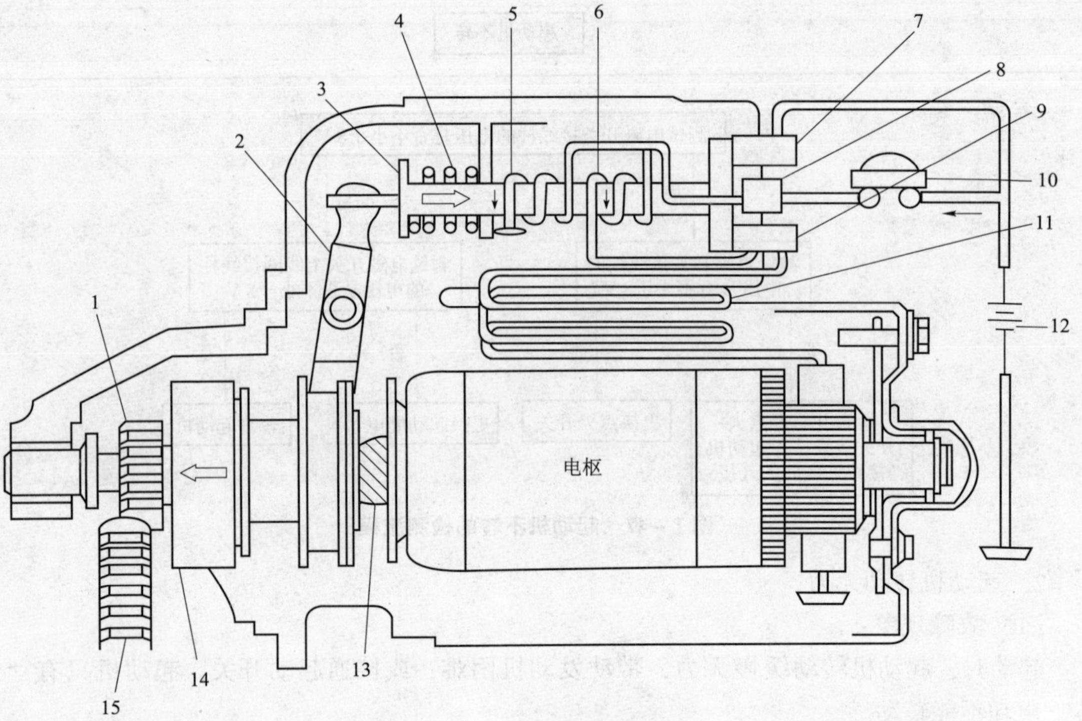

图 1－48　机械强制式起动机

1—驱动齿轮；2—拨叉；3—活动铁芯；4—复位弹簧；5—保持线圈；6—吸引线圈；7—端子 30；8—端子 50；9—端子 C；10—点火开关；11—场磁线圈；12—蓄电池；13—螺纹花键；14—离合器；15—飞轮齿圈

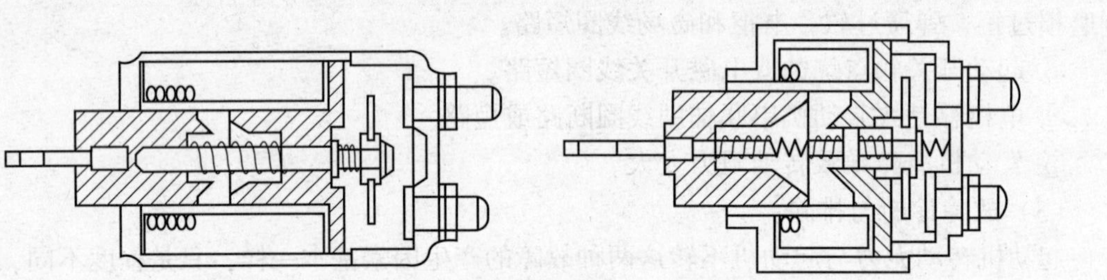

图 1－49　电枢移动式起动机

(a) 整体式；(b) 分离式

④ 起动机单向啮合器打滑。

⑤ 飞轮齿严重磨损或打坏。

(3) 故障诊断与排除。

起动机空转实际有两种情况：一种是起动机驱动小齿轮不能与飞轮齿圈啮合的空转，故障主要在起动机的操纵和控制部分；另一种是起动机驱动小齿轮已和飞轮齿圈啮合，由于单向啮合器打滑而空转，故障主要在起动机单向啮合器。

① 若在起动机空转的同时伴有齿轮的撞击声，表明飞轮齿圈轮齿或起动机小齿轮轮齿磨损严重或已损坏，致使不能正确啮合，视情况进行更换起动机和飞轮齿圈。

② 若单向啮合器打滑空转，应分解起动机进行检修或更换起动机。

③ 有的起动机传动装置采用一级行星齿轮减速装置，其结构紧凑、传动比大、效率高，但使用中常会出现载荷过大而烧毁卡死的情况。有的采用摩擦片式离合器，若压紧弹簧损坏，花键锈蚀卡滞和摩擦离合器打滑，也会造成起动机空转。

4. 起动机故障案例

（1）捷达轿车起动机空转。

① 故障现象：

一辆行驶了 12 万公里的捷达轿车，起动时起动机空转，并伴随“咔咔”的响声，而发动机不转。呼声似乎是驱动齿轮空转时磨碰飞轮环发出的。若反复转动点火开关，偶尔听不到“咔咔”声，则此次起动必定成功。

② 故障诊断与排除：

据故障现象推测，起动机有如单向离合器打滑、碳刷磨短、铜套磨损、驱动齿轮断齿以及飞轮齿圈断齿等故障，均可能使起动机处于时好时坏的工作状态。要想查清起动机故障，需将其拆下解体逐个排查。

起动机被解体后，先后检查单向离合器、碳刷、铜套、驱动齿轮以及飞轮齿圈。除了铜套被磨得铮亮外，其他均正常。用卡尺测量了铜套，发现原本是圆柱形的铜套，如今已磨成了圆锥形，大头锥径 ϕ14.06 mm，小头锥径 ϕ13.58 mm；铜套内孔也被磨成了圆锥形，大头锥径 ϕ12.58 mm，小头锥径 ϕ11.86 mm。但铜套内孔锥形和铜套外圆锥形大小头颠倒，即铜套内孔锥形上小下大，而铜套外圆上大下小。因此，铜套外圆小头磨损最严重，壁厚仅剩 0.5 mm，大头壁厚 1.1 mm。更换新铜套后，故障排除。

在驱动齿轮与飞轮齿圈刚刚接触的瞬间，驱动齿轮受到吸引线圈的作用，一直试图进入飞轮齿圈与之啮合。由于铜套被磨成圆锥形，导致中枢轴在转动时轴心线轨迹呈枣核状，驱动齿轮沿着以与飞轮齿圈啮合，因此，起动时伴随“咔咔”响声。

驱动齿轮安装在中枢轴上，其轴心线轨迹在电枢轴转动时也呈枣核状，这必然导致飞轮齿圈端面与驱动齿轮端面间不平行，二端面间有夹角。随着起动电流增大，中枢轴轴心线的枣核状轨迹变宽，此夹角也必然增大。

驱动齿轮施加于飞轮齿圈的力越大，其反作用力也越大。这就意味着某一次起动，由于反作用力的存在，使驱动齿轮端面与飞轮齿圈端面夹角消失，驱动齿轮趁机进入飞轮齿圈与之啮合，从而起动成功。

（2）奇瑞轿车起动机不工作。

① 故障现象：

一辆行驶 7 万公里的奇瑞轿车，起动机不工作。钥匙转到起动挡起动，能听见“哒”的一声，但起动机不工作，发动机无法起动。

② 故障诊断与排除：

根据电路图分析（见图 1 - 50），起动电路电流从蓄电池正极出发，经过熔断丝 F20 到达点火开关 ST1 然后经过熔断丝 F14 到达防盗器，然后到起动机 C219 再经过电磁开关由起动机电机搭铁，能听到“哒”的一声，说明至少吸引线圈能构成回路并工作，那么起动机无法工作的原因，可能是起动机本身损坏（电动机不能工作或者保持线圈损坏导致不能保持啮合工作）也可能是蓄电池电压不足，于是测量蓄电池电压，发现低于 10 V，此故障原因就是蓄电池电压不足。

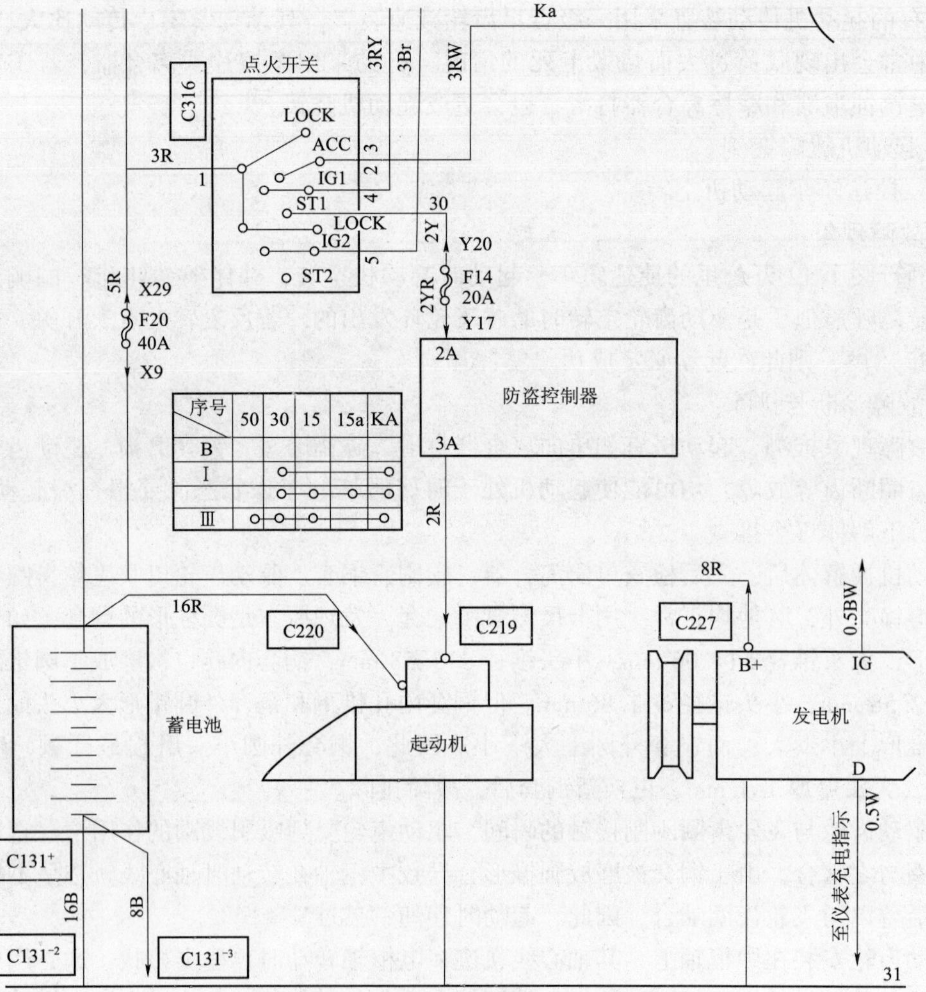

图 1－50　起动机不工作电路分析图

小　结

本节内容介绍了汽车蓄电池、起动机、发电机的结构和工作原理；蓄电池的型号和检测方法；发电机、起动机的拆装和检测；并分析了起动机故障案例。通过本节内容的学习，学生应能掌握汽车电源系统的结构和工作原理，会根据型号更换蓄电池，能通过拆装检测对发电动机和起动机进行维修；能根据电路图对电源系统故障进行检修；并会使用本节涉及的工具和设备。

项目拓展

1. 更换蓄电池要注意哪些问题？

2. 发电机由哪几部分组成？

3. 简述起动机的工作原理。

4. 起动机电磁开关的作用是什么？

5. 起动机如何检测？

6. 一辆桑塔纳2000轿车，发动机不能起动，起动机不工作，应从哪几方面进行故障诊断？

项目二

汽车灯光

一、项目要求

（1）能够明确汽车灯光的种类和组成。

（2）能够识读电路图。

（3）会利用所学知识诊断、排除汽车灯光系统故障。

二、相关知识

汽车照明系统是汽车安全行驶的必备系统之一，它主要包括外部照明灯具、内部照明灯具、外部信号灯具、内部信号灯具等。

汽车灯具按照功能划分，主要有两个种类：汽车照明灯和汽车信号灯。

汽车照明灯按照其安装的位置及功用包括：前照灯、雾灯、牌照灯、仪表灯、顶灯、工作灯。

汽车信号灯包括：转向信号灯、危险报警灯、示廓灯、尾灯、制动灯、倒车灯。

（一）认识前照灯

1. 前照灯

前照灯又叫前大灯，装于汽车头部两侧，包括近光灯和远光灯两种，用于夜间行车道路的照明，有两灯制和四灯制之分。每辆车安装 2 只或 4 只，装于外侧的一对应为近、远光双光束灯，装于内侧的一对应为远光单光束灯。前照灯灯光光色为白色，远光灯灯泡功率为 45 ~60 W，近光灯灯泡功率为 25 ~55 W。要求前照灯应能保证提供车前 100 m 以上路面明亮、均匀的照明，并且不应对迎面来车的驾驶员造成炫目。随着车速的不断提高，汽车前照灯的照明距离可达到 200 ~300 m，由于前照灯的照明效果直接影响夜间行车驾驶的操作和交通安全，因此世界各国交通管理部门多以法律形式规定其照明标准。

2. 前照灯的结构

前照灯的光学系统由灯泡、反射镜和配光镜三部分组成，如图 2 –1 所示。

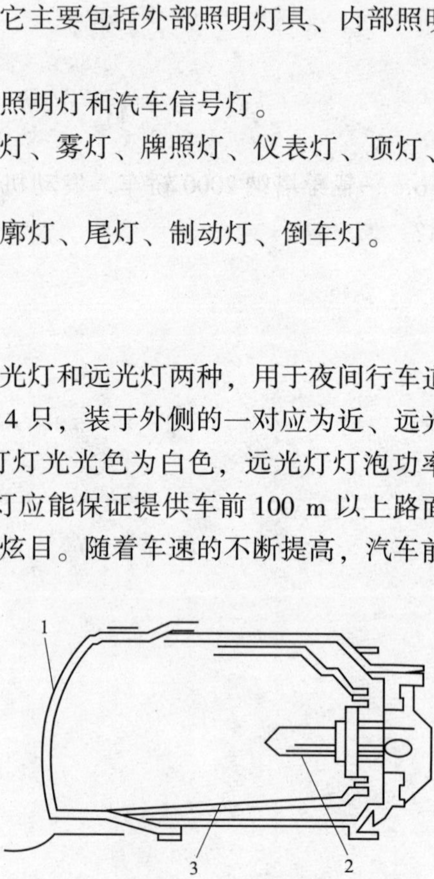

图 2 –1　前照灯

1—配光镜；2—灯泡；3—反射镜

（1）灯泡。

汽车前照灯灯泡的作用是产生光源。目前汽

车用前照灯有充气灯泡、卤钨灯泡、卤素灯、氙气灯和LED灯四种类型。

① 充气灯泡。

充气灯泡是把玻璃泡内的空气抽出后，再充满惰性混合气体。充气灯泡灯丝用钨丝制成，灯泡内充满氩、氖和氮的混合惰性气体。充入惰性气体可以在灯丝发热膨胀后，增加玻璃壳内的压强，减少钨的蒸发，从而可提高灯丝的温度和发光效率，延长灯泡使用寿命，如图2-2所示。

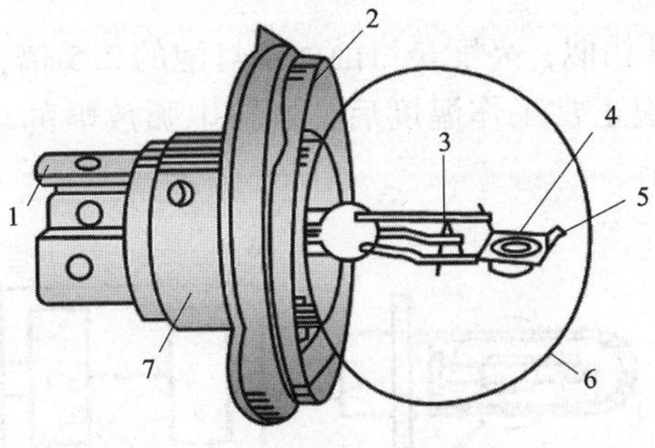

（a）

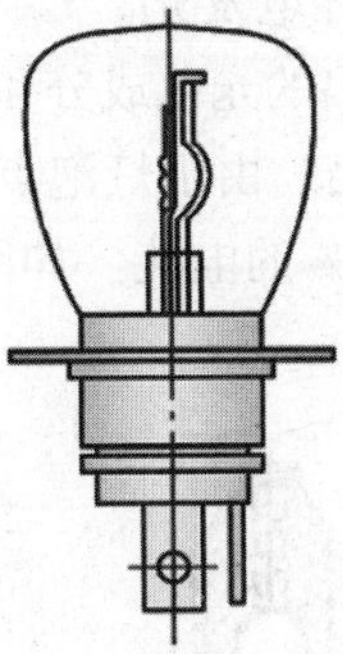
（b）

图2-2　充气灯泡

1—插脚；2—定焦盘；3—远光灯丝；4—近光灯丝；5—配光屏；6—灯壳；7—灯头

② 卤钨灯泡。

卤钨灯泡的灯丝用钨丝制成，充入的气体中加入卤族元素，如碘、溴、氯、氟等。灯泡工作时，在其内部形成卤钨再生循环反应，即从灯丝炽热蒸发的气态钨与卤素反应，生成一种挥发性的卤化钨，它扩散到灯丝附近的高温区又受热分解，使钨又重新回到灯丝上，被释放的卤素又继续扩散参与下一轮循环反应，从而防止钨的蒸发，避免了灯泡发黑。

卤钨灯泡的工作温度高，灯内的工作气压比其他类型灯泡高很多，故钨的蒸发也受到更为有力的抑制。在相同功率下，卤钨灯的亮度为白炽灯的1.5倍，寿命是白炽灯的2~3倍，如图2-3所示。

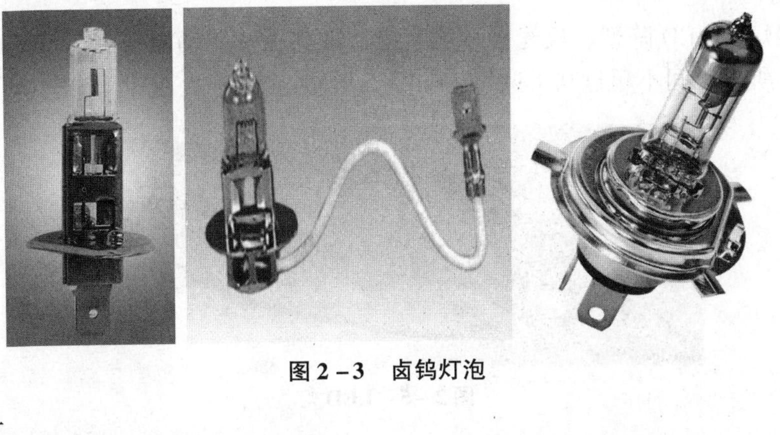

图2-3　卤钨灯泡

③ 卤素灯。

卤素灯，就是在灯泡内渗入少量的惰性气碘，从灯丝蒸发出来的钨原子与碘原子相遇反应，生成碘化钨化合物，当碘化钨化合物一接触白热化的灯丝（温度超过1 450 ℃），又会分解还原为钨和碘，钨又重新回到灯丝中去，碘则重新进入气体中。如此循环不已，灯丝几乎不会烧断，灯泡也不会发黑，所以它要比传统的白炽前照灯寿命更长，亮度更大。现在的汽车普遍采用的都是这种前照灯。

④ 氙气灯。

高压放电氙气灯的组件系统由弧光灯组件、电子控制器、点火器（升压器）三部分组成。这种灯没有传统的灯泡和灯丝，取而代之的是装在石英管内的两个电极，管内充有氙气及微量金属（或金属卤化物）。在电极上加入足够高的引弧电压（5 000～12 000 V）后，气体开始电离而导电发光。

其灯泡发出的光色成分和日光灯非常相似，亮度是目前卤素灯泡的2.5倍，寿命可达卤素气体灯泡的5倍。由于灯泡点燃达到灯泡正常工作温度后，维持电弧放电的功率仅为35 W，所以可节约40%的电能，如图2－4所示。

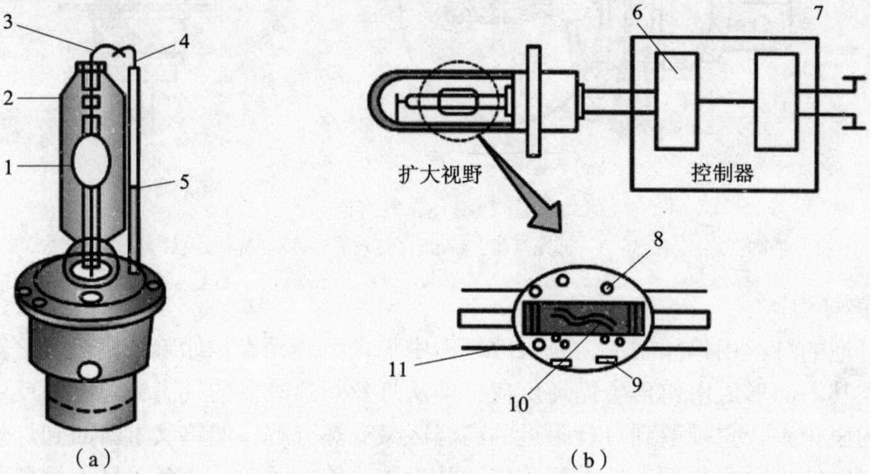

图2－4　氙气灯

1—电极；2—外部灯泡；3—外引线；4—引线；5—陶瓷管；6—点火器；7—控制器；
8—点火器气体；9—金属卤化物；10—泵；11—电极（钨）

⑤ LED灯。

LED前照灯由LED阵列、反光镜、配光镜、散热器和驱动器等五部分组成。寿命长达1万小时，点亮所需时间不超过0.1 s，如图2－5所示。

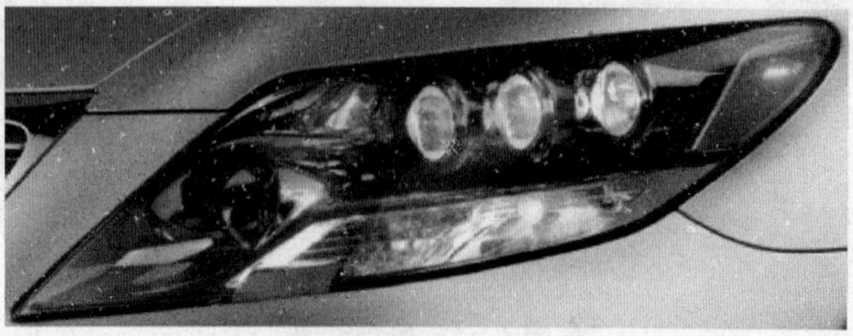

图2－5　LED灯

（2）反射镜（反光镜）。

作用：使灯泡的光线聚合，经反射后变成平行光束射向远方，强度增强几百倍甚至上千倍。

特点：① 用薄钢板冲压成旋转抛物面；

② 内表面镀银、镀铝、镀铬，然后抛光。

（3）配光镜（散光玻璃）。

① 配光镜又称散光玻璃，如图 2－6 所示。它是用透光玻璃或塑料压制而成的，是很多块特殊的棱镜和透镜的组合，其外形一般为圆形或矩形。配光镜的作用是将反射镜反射出的平行光束进行折射，如图 2－7 所示，使车前路面和路缘都有良好而均匀的照明。

图 2－6　配光镜

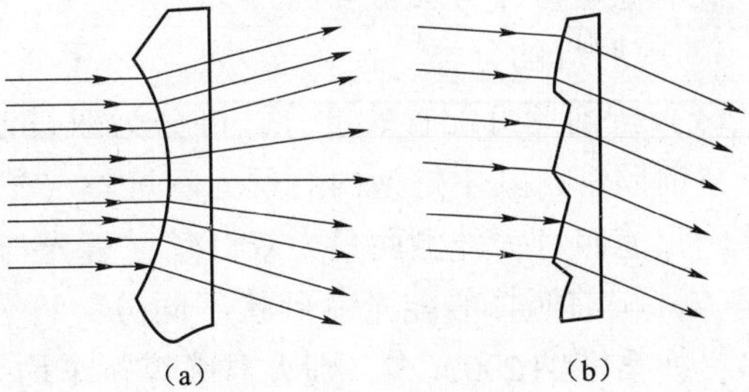

图 2－7　折射原理

（a）远光；（b）近光

② 防炫目措施：采用防炫目保护罩，如图 2－8 所示。

③ 采用双丝灯泡。

远光灯丝：功率 45～60 W，位于反射镜焦点位置。

近光灯丝：功率 22～55 W，位于反射镜焦点的上方或前方并稍向右偏斜。

在夜间行车时，若有迎面来车，使用近光灯丝，使光束倾向路面，从而避免迎面车辆驾驶员炫目，并使车前 50 m 的范围内路面也照得十分清楚。当无迎面车时，则使用远光，使前照灯光束射向远方，便于提高车速，如图 2－9 所示。

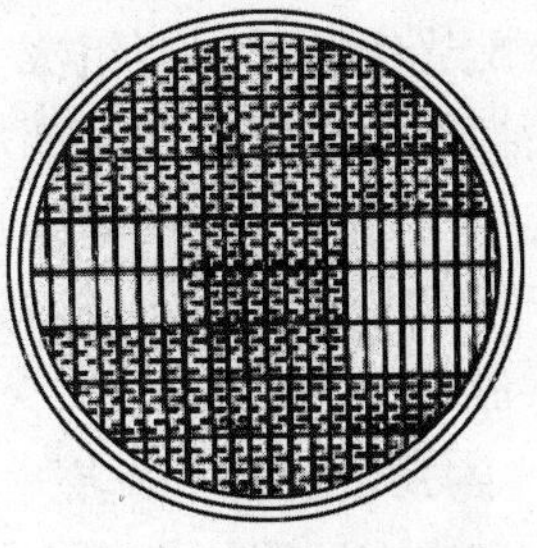

图 2－8　防炫目保护罩

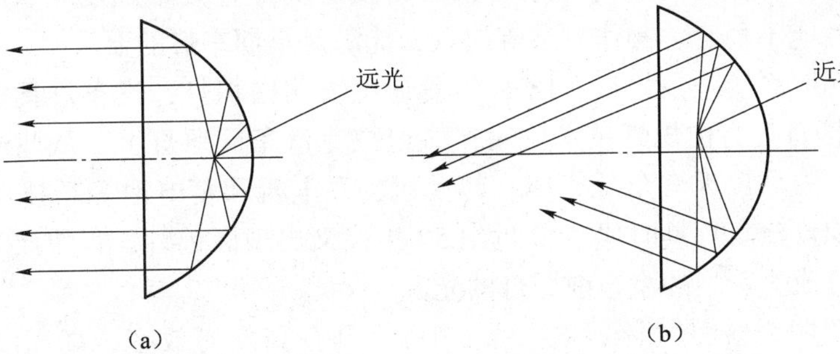

图 2－9　双丝灯泡

（a）远光；（b）近光

④ 采用带遮光罩的双丝灯泡。

配光屏（遮光罩、护罩、光束偏转器），能将近光灯丝下部分的光线完全遮住，消除了向上的反射光线，提高防炫目效果。

⑤ 采用非对称光形。

a. 采用 E 字形非对称形配光，将近光灯右侧亮区倾斜升高 15°，即将本车行进方向光束照射距离延长；

b. 采用 Z 字形近光灯形，该光形能使本车行进方向亮区平行升高，光形效果更加优越。

⑥ 采用前照灯自动变光器。

汽车前照灯自动变光器是一种根据对方车辆灯光的亮度自动变远光为近光或变近光为远光的自动控制装置。它的优点首先是实现了自动控制，不需要驾驶员操纵；其次是它的体积小，性能稳定可靠且灵敏度高。

3. 前照灯的分类

（1）按前照灯配置数量分，可分为双灯制和四灯制。对于双灯制配置方式，其左右各有一只前照灯，其中灯泡内灯丝为双灯丝（近光与远光）；对于四灯制配置方式，则其左右各有两只前照灯，外侧两只为双灯丝（近光与远光），内侧两只为单灯丝（远光）。

（2）按前照灯的配光镜形状不同分，可分为圆形、矩形和异形灯。圆形和矩形灯使用很多，如桑塔纳 2000GSi、别克君威等轿车均采用矩形前照灯；夏利、波罗（polo）等微型车采用了圆形前照灯。异形灯是配合车身外形设计的，以获得和谐的车身外形和减小迎风阻力，近年来在轿车上采用日益增多，其缺点是通用性不好。

（3）按前照灯的结构分，可分为半封闭式和全封闭式（又称真空灯），半封闭式前照灯将配光镜和反射镜组成一体，灯泡可从反射镜后部装入，其优点是灯泡烧坏后可以更换，通用性好；全封闭式前照灯的反射镜和配光镜合为一体，形成灯泡，里面充以惰性气体或卤素气体，灯丝焊在反射镜底座上，反射镜的反射面采用真空镀铝，这种结构的前照灯优点在于可完全避免反射镜被污染和受大气的影响。其缺点是当灯丝烧坏后，需要更换整个总成。

4. 前照灯的发展

汽车照明的发展史大体上经过如下四个阶段，汽车灯具的演变随着汽车光源的更迭而发生。

第一代汽车照明系统是由燃料（蜡烛、煤油或乙炔）直接燃烧发光。但存在发光效率很低、光强弱、性能不稳定、操作复杂等缺点，能满足早期车灯的要求。

第二代汽车照明系统是白炽灯。1879 年爱迪生发明白炽灯，汽车灯具发生了革命性的变化，1913 年美国首先将白炽灯技术应用在凯迪拉克汽车前照灯上。从此汽车照明进入了电气时代。接着，先后出现汽车反光镜、起动机、发电机和蓄电池等新技术，1925 年开始汽车真正进入白炽灯汽车灯具时代。20 世纪 50 年代又出现卤钨灯，很快成为汽车强光源的主要灯泡，卤钨灯成为新型的汽车前照灯的光源。

第三代汽车照明系统是气体放电灯（HID），具有高发光效率、高亮度和高可靠性等优点。

第四代汽车照明系统是半导体发光二极管（LED）。半导体 PN 结二极管，使 PN 结系统受到激发，当一个正向偏压施加于 PN 结两端时，载流子由低能态跃迁到高能态，当处于高能态的不稳定载流子回到低能态复合时，根据能量守恒原理，多余的能量将以光子形式释放，就是 LED 电致发光原理。

近年来又出现了新型 HID 灯以及 LED 灯。国际上高档轿车生产商如奔驰、宝马、丰田、福特等纷纷推出配有五彩缤纷的 LED 灯具的新款式轿车以吸引顾客，尤其是日本汽车对 LED 应用已相当广泛。LED 车灯被称为一生不需要更换灯泡的汽车灯，国际上汽车电子化中最耀眼的产品之一。

5. 前照灯电路图识读

（1）灯光开关和前照灯的控制电路。

前照灯电路主要由灯光开关、变光开关、前照灯继电器及前照灯组成。

① 继电器控制火线式电路，如图 2－10 所示。

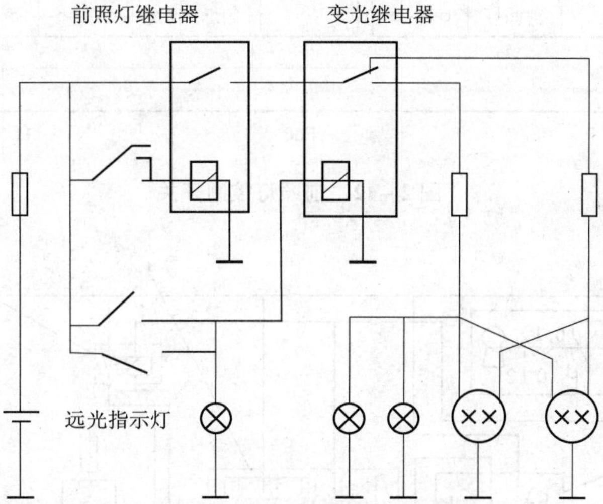

图 2－10　继电器控制火线式电路

② 继电器控制搭铁式电路，如图 2－11 所示。

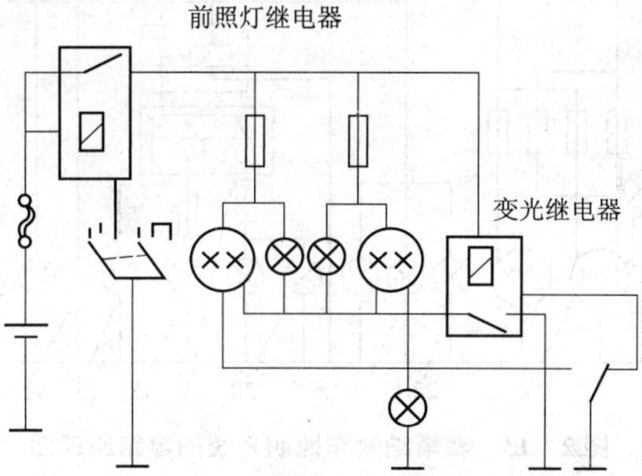

图 2－11　继电器控制搭铁式电路

（2）前照灯开关认识。

前照灯控制开关分为“灯光控制开关”和“变光控制开关”，“灯光控制开关”有“关闭（OFF）”“小灯（TAIL）”“前照灯（HEAD）”三个挡位，“变光控制开关”有“近光（LOW）”“远光（HIGH）”“闪烁（FLASH）”三个挡位，如图 2－12 所示。

图 2－13 所示为桑塔纳轿车照明系统的电路原理图，其电路主要由灯光开关、变光开关、前照灯继电器和前照灯组成。

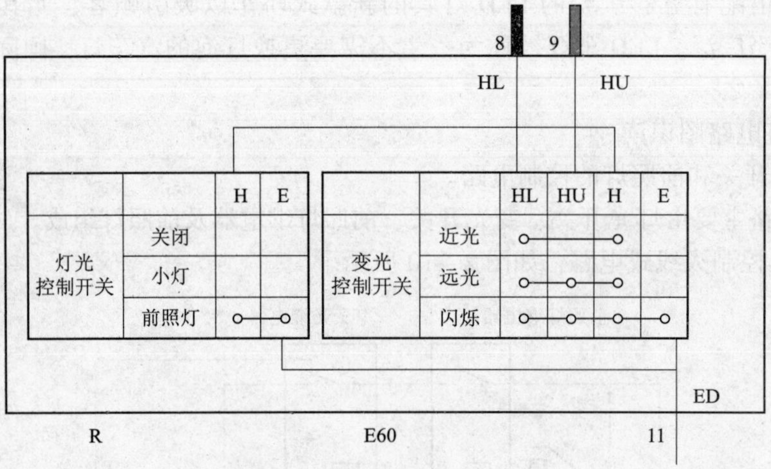

图 2 - 12　前照灯控制开关

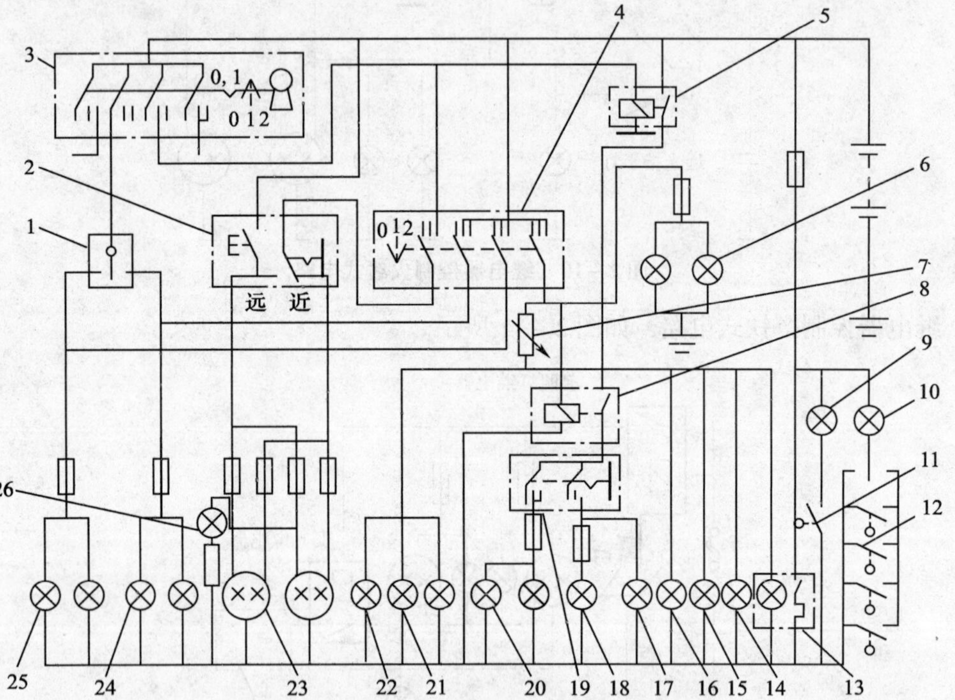

图 2 - 13　桑塔纳轿车照明系统的电路原理图

1—停车灯开关；2—变光和超车灯开关；3—点火开关；4—车灯开关；5—中间继电器；6—牌照灯；
7—仪表灯调节电阻；8—雾灯继电器；9—行李厢灯；10—前顶灯；11—行李厢灯开关；12—前顶灯控制开关；
13—点烟器照明灯；14—雾灯开关照明灯；15—后风窗除霜器开关照明灯；16—空调开关照明灯；
17—雾灯指示灯；18—后雾灯；19—前后雾灯开关；20—前雾灯；21—仪表灯；22—时钟照明灯；
23—前照灯；24—右前后示廓灯；25—左前后示廓灯；26—远光指示灯

前照灯 23 由点火开关 3 和车灯开关 4 共同控制，点火开关 3 置于正常工作挡位（1 挡）、车灯开关 4 为 2 挡时，前照灯亮，通过变光开关 2 进行远光、近光变换控制，如图 2 - 14、图 2 - 15 所示。此外，远光灯还由超车开关 2 直接控制，在夜间汽车超车时当作超车信号灯用。

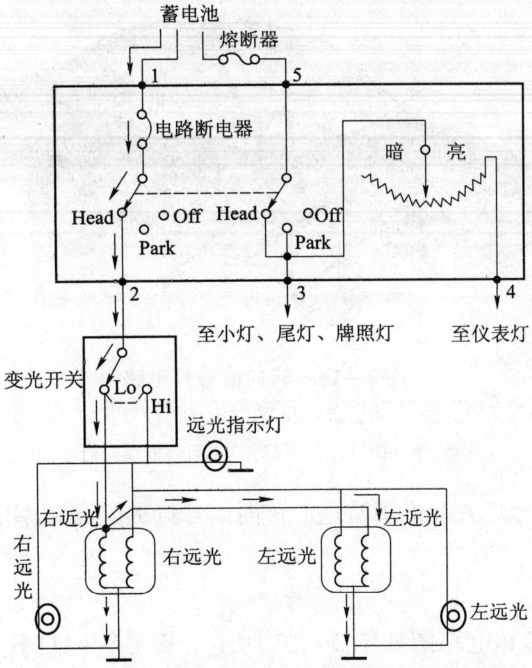

图 2－14　前照灯电路－变光开关在近光挡

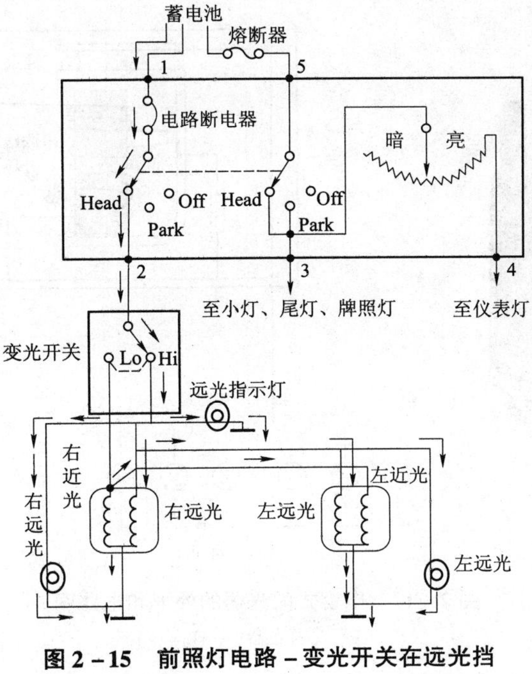

图 2－15　前照灯电路－变光开关在远光挡

（二）认识转向灯

1. 转向信号灯

汽车转向信号灯主要用来指示车辆行驶方向，当遇到特殊情况时，所有转向信号灯会同时闪烁，作为危险警告信号。

转向信号灯电路主要由转向信号灯、闪光器、转向灯开关等组成，如图 2－16 所示。

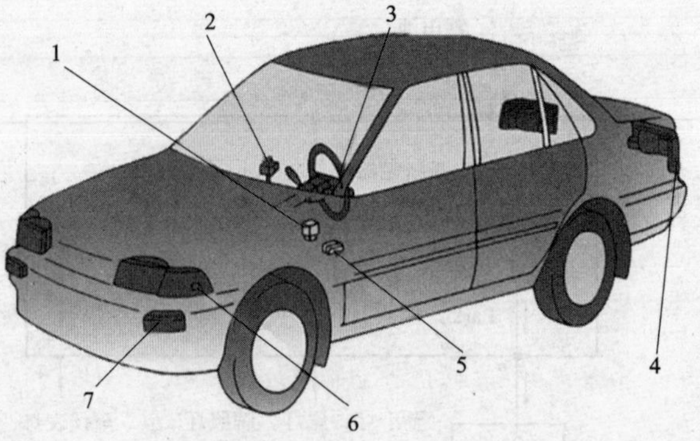

图 2－16　转向信号灯电路

1—转向信号闪光器；2—危险警告灯开关；3—转向信号开关；4—后转向信号灯；
5，6—侧转向信号灯；7—前转向信号灯

说明：汽车的转向信号灯大都采用橙色，转向信号灯的闪光频率应控制在 50～110 次/min，一般为 60～95 次/min。

（1）电容式闪光器。

电容式闪光器的外形和电路图如图 2－17 所示。接通转向灯开关后，串联线圈经触点、转向信号灯构成回路，产生较强磁场，吸动衔铁，使触点张开，转向信号灯不亮。这时，电容器经串联线圈、并联线圈、转向灯开关、转向灯及转向指示灯构成充电回路。

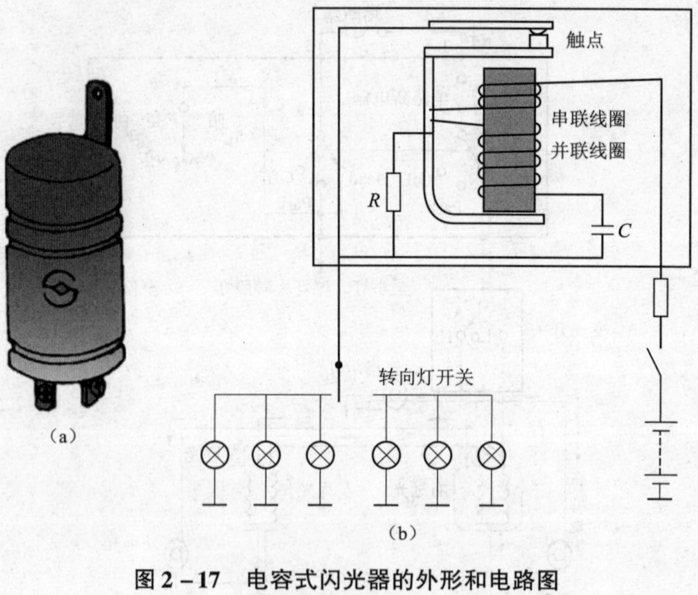

图 2－17　电容式闪光器的外形和电路图

（a）电容式闪光器；（b）电路图

（2）翼片式闪光器。

翼片式闪光器的外形和电路图如图 2－18 所示。

（3）电子式闪光器。

电子式闪光器分为晶体管式和集成电路式两类，其触点为常闭合触点。

电子式闪光器利用三极管的开关特性，电容器的充、放电延时特性，控制继电器线圈的通、断电，接通和断开触点，使转向信号灯闪烁。

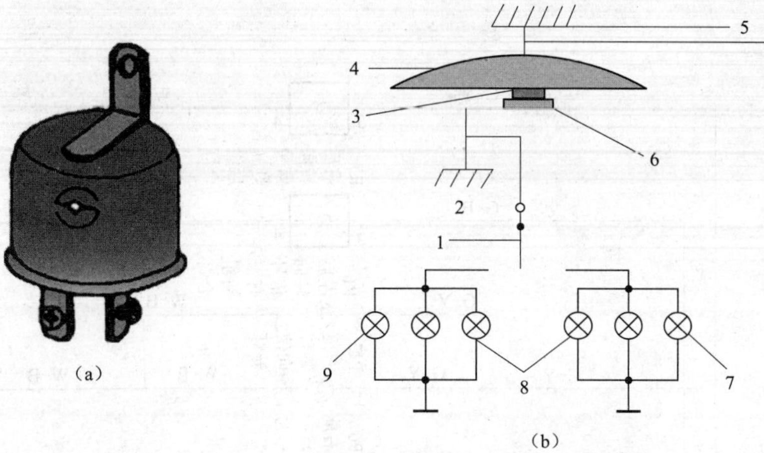

图 2－18　翼片式闪光器的外形和电路图

(a) 翼片式闪光器；(b) 电路图

1—转向灯开关；2，5—支撑；3—活动触点；4—热胀条；6—固定触点；7，9—转向灯；8—指示灯

电子式闪光器由于其工作可靠，使用寿命长，目前在汽车转向灯系统中广泛使用，其电路图如图 2－19 所示。

2. 转向灯电路图识读

(1) 转向报警灯组合开关电路图的分析。

在转向电路中，多个转向灯均是并联，当转向开关打向左边时，闪光器的输出与左边的灯泡接通，闪光器的间歇通断电使灯光闪烁，形成加强警告效果。当开关打在中间时，由于没有与灯泡接通，所以整个电路处于关闭状态，转向灯都不亮。

闪光器在使用中应该注意与灯泡的功率相配合，即必须按规定的灯泡功率选用灯泡，以免闪光器过载而烧毁。

当汽车需要报警或起警示作用时，按下报警灯开关，则所有的转向灯同时开始闪烁。报警灯开关没有按下时，电路起正常的转向功能。

实车所用的转向报警灯组合开关电路中转向灯和报警灯功能均是用组合开关来实现的，如图 2－20 所示。

(2) 转向信号及危险警告灯系统电路，如图 2－21 所示。

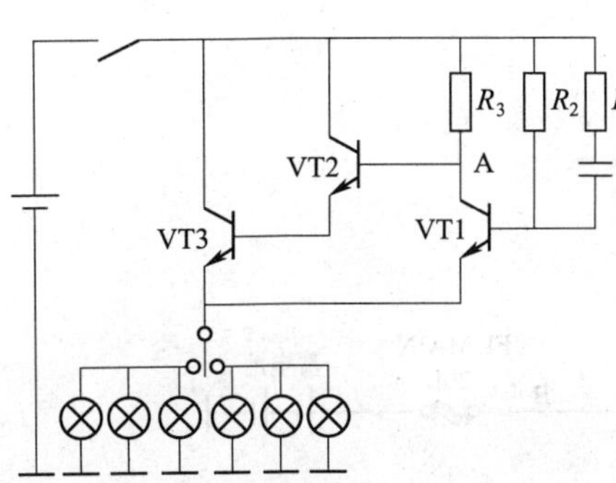

图 2－19　电子式闪光器的电路图

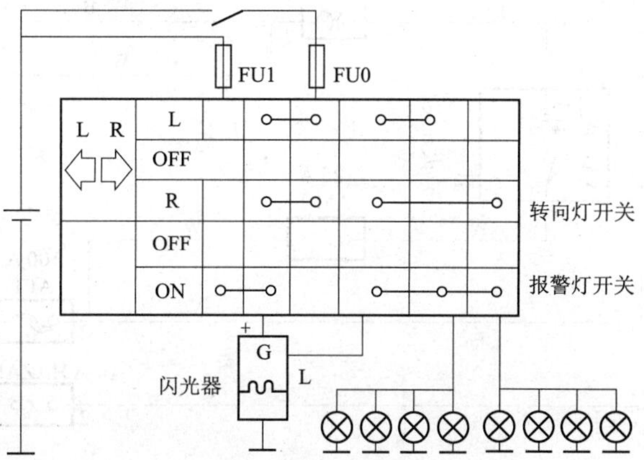

图 2－20　转向报警灯组合开关电路图

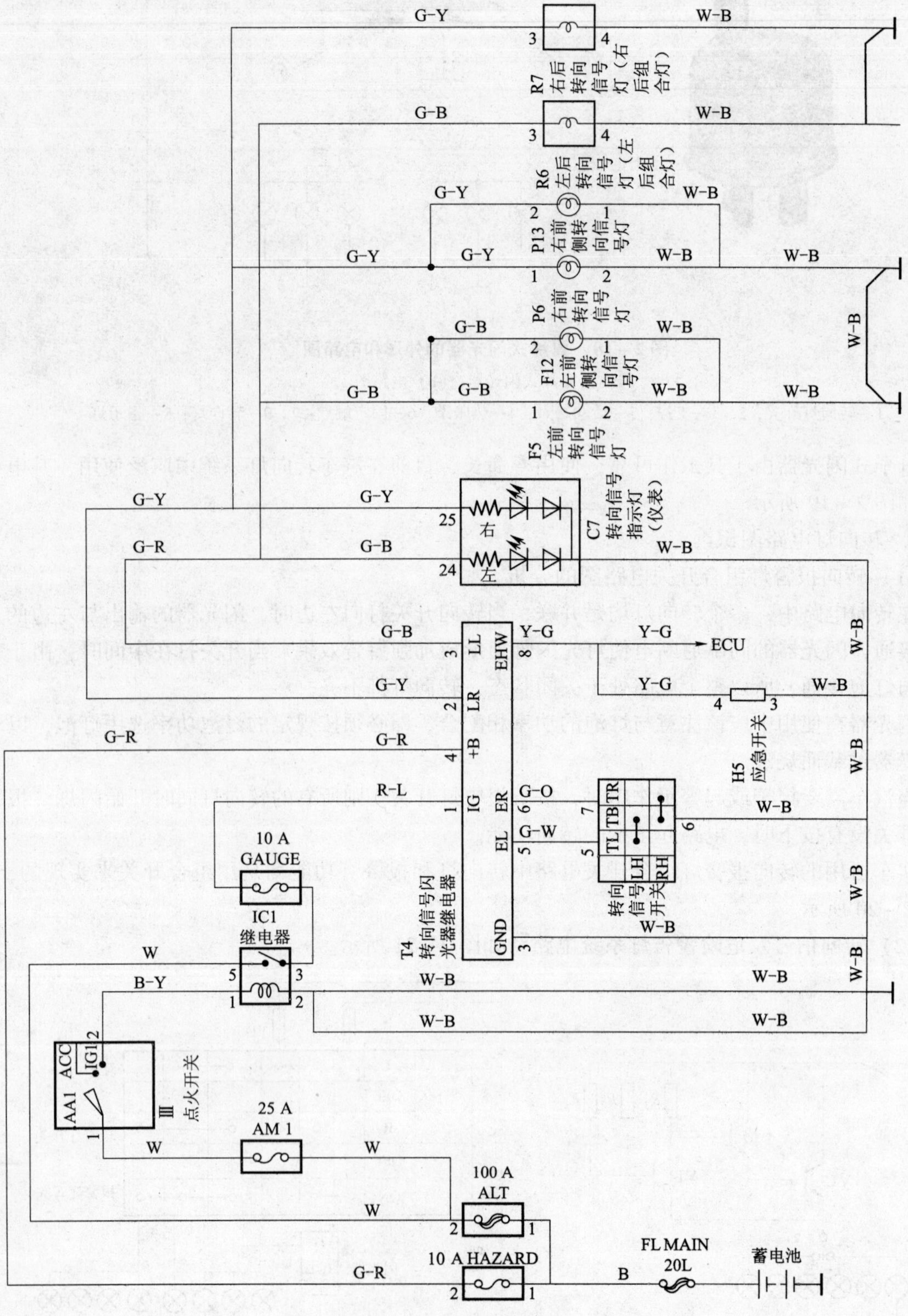

图 2-21 转向信号及危险警告灯系统电路

开关组成：

转向信号开关、应急开关。

转向信号开关控制：

关闭（OFF）、左侧（LH）、右侧（RH）。

应急开关控制方式：

关（OFF）、接通（ON）。

其工作过程如下：

当点火开关接通到“点火”挡位时，转向信号闪光器继电器 T4 的电流回路为：蓄电池正极→MAIN 熔断丝→100 A ALT 主熔断丝→25 A AM1 熔断丝→点火开关 IG1 挡位→IG1 继电器线圈→搭铁→蓄电池负极。

IG1 继电器线圈得电，IG1 继电器开关被吸合得电，电流回路为：蓄电池正极→MAIN 熔断丝→100 A ALT 熔断丝→25 A AM1 熔断丝→点火开关 IG1 挡位→IG1 继电器开关→10 A GAUGE 熔断丝→转向信号闪光器继电器 T4 的 1 号端子→T4 的 7 号端子搭铁→蓄电池负极。

左转向控制电路：转向信号开关在“LH”位置，则 T4 的 5 号端子搭铁，接收到 5 号端子的搭铁信号，T4 会在 3 号端子上输出一个频率为 60 ~ 120 次/min 的高低变化的电压，则组合仪表上的左侧转向信号灯、左前转向信号灯、左前侧转向信号灯、左后转向信号灯同时闪烁工作。

右转向控制电路：转向信号开关在“RH”位置，则 T4 的 6 号端子搭铁，接收到 6 号端子的搭铁信号，T4 会在 2 号端子上输出一个频率为 60 ~ 120 次/min 的高低变化的电压，则组合仪表上的右侧转向信号灯、右前转向信号灯、右前侧转向信号灯、右后转向信号灯同时闪烁工作。

应急电路分析：当应急开关拨到“接通”挡位时，转向信号闪光器继电器 T4 的电流回路为：蓄电池正极→MAIN 熔断丝→10 A HAZARD 熔断丝→转向信号闪光器继电器 T4 的 4 号端子→T4 的 7 号端子搭铁→蓄电池负极。

如果此时应急开关拨到“接通”挡位，则 T4 的 8 号端子搭铁，接收到 8 号端子的搭铁信号，T4 会在 3 号、2 号端子上同时输出一个频率为 60 ~ 120 次/min 的高低变化的电压，则组合仪表上的左侧及右侧转向信号灯、左前及右前转向信号灯、左前侧及右前侧转向信号灯、左后及右后转向信号灯同时闪烁工作。

（3）汽车转向信号灯、危险警告灯不能正常工作的故障现象及其故障原因分析见表 2 – 1。

表 2 – 1　汽车转向信号灯、危险警告灯不能正常工作的故障现象及故障原因分析

常见故障现象	故障原因分析
危险警告灯和转向信号灯均不亮	（1）仪表板熔断丝熔断； （2）危险警告灯熔断丝熔断； （3）转向信号闪光继电器损坏； （4）线束故障
危险警告灯不亮，转向信号灯正常	（1）危险警告灯开关损坏； （2）线束故障

续表

常见故障现象	故障原因分析
转向信号灯不亮，危险警告灯正常	（1）转向信号灯开关损坏； （2）线束故障
转向信号灯在一个方向上不亮	（1）转向信号灯开关损坏； （2）线束故障
两侧转向信号灯闪烁频率不同	（1）两侧灯泡的功率不等； （2）有灯泡损坏
转向信号灯常亮不闪	（1）闪光继电器损坏； （2）接线错误
闪烁频率过高或过低	（1）灯泡功率不当； （2）闪光器工作不良，触点间隙过大或过小； （3）电源电压过高或过低

（三）认识制动灯

1. 制动灯（又叫刹车灯）

（1）顾名思义，刹车灯就是车辆刹车时亮起的灯。一般为红色，起到警示后面车辆的作用；另外，刹车灯能有效防止车辆追尾事件的发生，减少交通事故。

刹车灯亮度较强，也较为明显，它主要用来提醒后面的车辆本车要减速或停车。刹车灯若使用错误或者出问题，便很容易造成追尾撞车事故。另外，更换刹车灯泡要注意：我国生产的车辆尾灯一般都是“一泡二用”，灯泡内有两个光丝，较弱的为小灯，较强的为刹车灯。有的厂家将其设计为高低脚插入式，使用起来非常方便，更换时一定要注意不要接反。

2. 刹车灯分类

（2）根据制作刹车灯的材料不同，大致可分为气体刹车灯与LED刹车灯。

气体刹车灯，即使用的材料为气体，如卤素。气体刹车灯技术成熟、价格低，但会产生辐射，里面含有汞，外壳是玻璃做成的，容易破碎导致污染环境。

LED刹车灯，即使用的材料是LED。由LED做成的刹车灯，无辐射，无污染，使用寿命长，理论达到6万小时，也就是说，在汽车报废期间不用换灯泡。但是，LED刹车灯的价格较贵，所以，对它的普及使用形成了一定影响。在发达国家，LED刹车灯已被大量使用，在国内，近两年的发展也开始加快。

LED刹车灯有常规刹车灯，也就是刹车时候一直保持常亮状态；也有爆闪刹车灯，刹车时保持闪烁高亮，这个存在违法行为，在刹车时一直保持爆闪状态让后车司机比较痛苦；现在市面还有一种预闪刹车灯，在刹车过程中预闪1~2 s后保持高亮，类似部分高档豪华车的紧急刹车时双闪三下的效果。

3. 刹车灯电路图识读

（1）刹车灯电路图。

如图2-22所示，当踩下制动踏板时，刹车灯开关触点闭合，刹车灯电路接通，刹车灯点亮；当抬起制动踏板时，刹车灯开关触点打开，刹车灯电路切断，刹车灯熄灭。

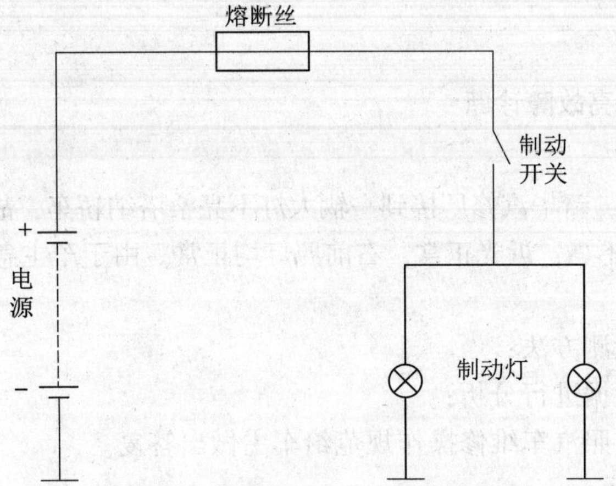

图 2－22　刹车灯电路结构原理图

(2) 桑塔纳轿车刹车灯电路。

如图 2－23 所示，当驾驶员踩下制动踏板时，刹车灯开关闭合，其电路为：

蓄电池＋→中央接线盒 P1 接线柱→熔断丝 S2→中央接线盒 C3 接线柱→刹车灯开关 F→中央接线盒 C1 接线柱→中央接线盒 E16 接线柱→刹车灯 M10、M9→搭铁→蓄电池。松开制动踏板时，刹车灯开关断开，刹车灯熄灭。

图 2－23　桑塔纳轿车刹车灯电路

故障现象：刹车时刹车灯不亮。

故障原因：

① 刹车灯的灯泡损坏；

② 刹车灯开关损坏；

③ 线路有断路。

三、项目实施

任务一：前照灯不亮故障诊断

1．项目任务

2010年11月15日，新华汽修厂接到一辆大灯不亮桑塔纳轿车，故障现象：打开前照灯开关，发现左前照灯远光不亮，近光正常，右前照灯均正常。由于车主急需用车要求立即修复。

2．任务要求

（1）掌握灯系的检测方法；

（2）能够对测量数据进行分析；

（3）规定时间内按照汽车维修操作规范给车主做出答复。

3．前照灯电路分析

如图2－24所示，前照灯由点火开关和车灯开关共同控制，当点火开关置于1挡、车灯开关置于2挡时，电流：电源正极→点火开关第三掷（从左起）1挡→车灯开关第一掷0挡→变光开关→熔断丝→前照灯→地，前照灯亮。通过变光开关控制远光、近光变换。此外，远光灯还由超车开关直接点动控制，在汽车超车时当作超车信号灯用。

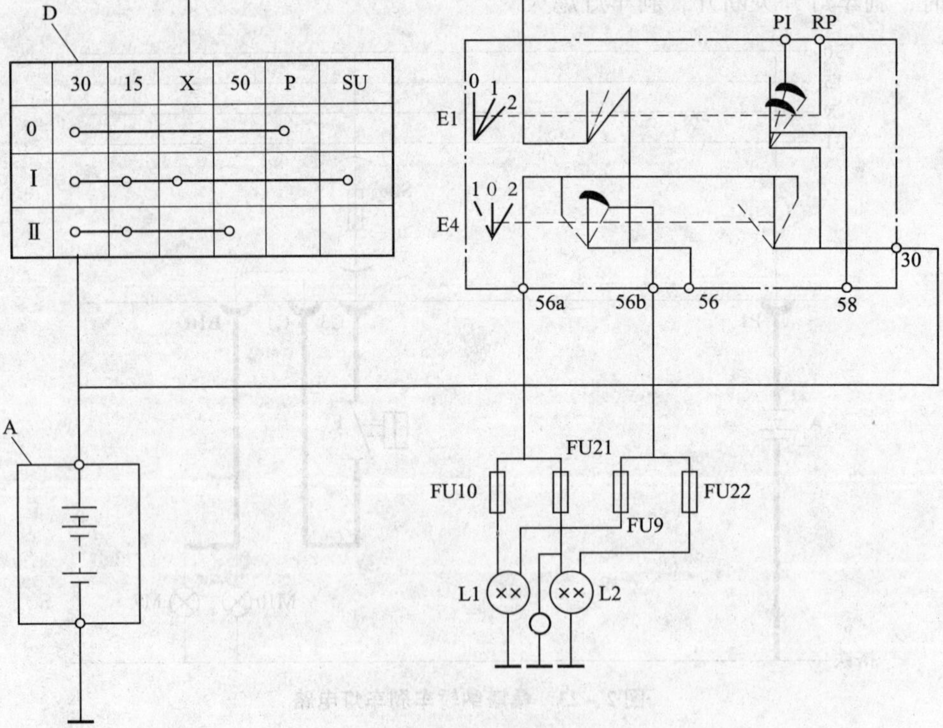

图2－24 前照灯电路

4．故障原因分析

（1）前照灯不亮故障原因：

前照灯熔断丝烧断；电源线松动或脱落；搭铁线搭铁不良或接插件接触不良；车灯开关或变光开关有故障。前照灯电路图如图2－25所示。

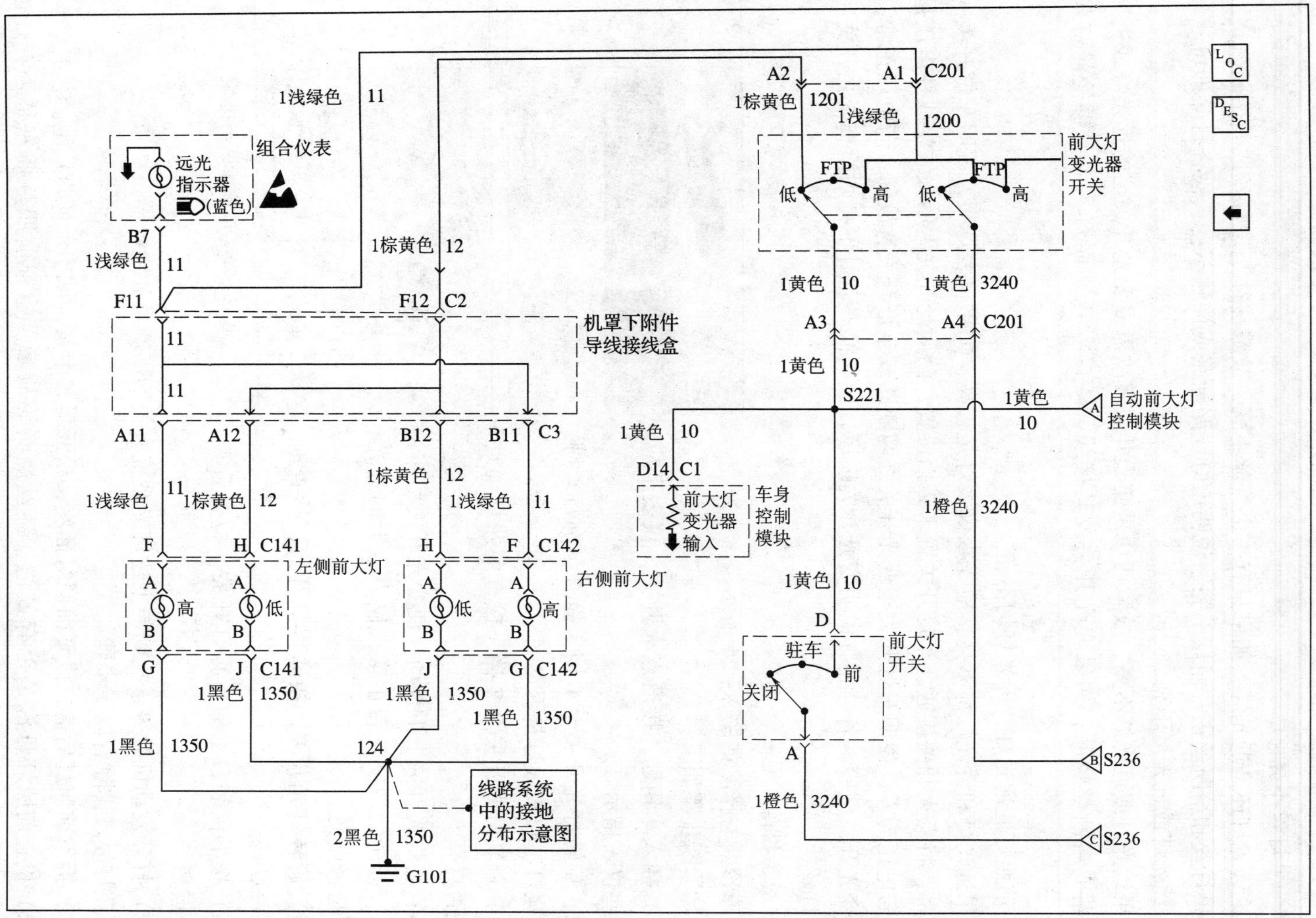

图 2-25 前照灯电路图（前照灯、前照灯开关、变光器开关和车身控制模块）

(2) 诊断方法。

诊断时，应根据不同的故障现象采取不同的诊断方法，以提高故障诊断和排除速度。

① 一个灯丝不亮。

不论远光灯还是近光灯，如果只有一个灯丝不亮，故障往往是该灯丝或其熔断丝烧断所致，如果灯丝和熔断丝正常而灯不亮，说明该灯线路断路或接触不良，检查排除即可。

② 远光灯或近光灯不亮。

如果远光灯或近光灯不亮，故障往往是变光开关有故障或变光开关上的远光灯或近光灯接线脱落或熔断丝烧断；如果变光开关及其接线和熔断丝正常而灯不亮，再检修灯丝和线路。

③ 前照灯的远光灯、近光灯均不亮。

如果远光灯和近光灯都不亮，应先查仪表灯是否亮，如果仪表灯亮，说明车灯开关的电源线正常，将点火开关接通、车灯开关置于 2 挡位置，测变光开关上的火线接线柱电压是否正常，若电压为零，说明车灯开关至变光开关之间断路或车灯开关有故障；若电压正常，可以短接变光开关试验，若灯亮，说明变光开关损坏，应更换。若灯不亮则检查变光开关后的线路和灯丝。

5. 故障排除

故障诊断与排除如图 2－26 所示。

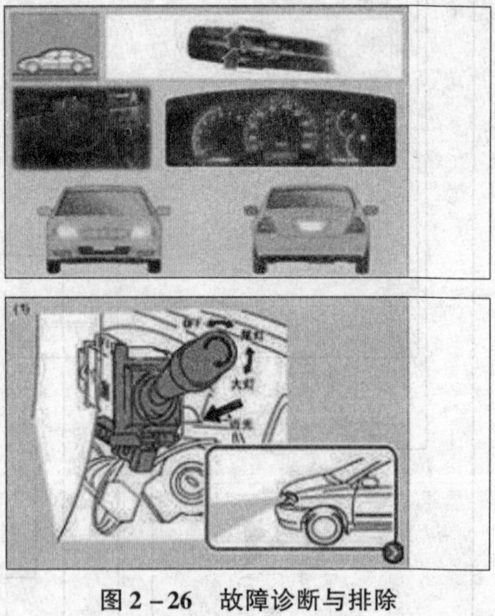

图 2－26　故障诊断与排除

故障诊断步骤如下：

(1) 插入车钥匙，接通点火开关，仪表上应亮起一些仪表指示灯。

(2) 旋转灯光开关至 1 挡，检查示廓灯、牌照灯、尾灯、仪表板灯是否点亮。

(3) 旋转灯光开关至 2 挡，检查前照灯（近光）是否点亮。

(4) 将灯光开关上下拨动，使变光开关动作，检查远、近光的切换是否正常，仪表板上的远光指示灯是否点亮。

(5) 旋转灯光开关，接通雾灯开关，检查前雾灯是否点亮。

(6) 按下仪表台上的后雾灯开关，检查后雾灯是否点亮。

(7) 打开发动机舱盖，找到与上述灯光系统有关的熔断丝和继电器。

前照灯故障排除有以下步骤。

(1) 拆下前照灯后盖，拔下前照灯插座，松开压紧卡簧，取出前照灯灯泡。

(2) 检查前照灯灯泡是否有鼓泡、灯丝烧断等故障。检查前照灯插座是否有烧蚀、变形。

(3) 打开前照灯近光开关，测量前照灯插座黄色导线与搭铁间电压，电压值约为 12 V。测量棕色导线与搭铁间的电阻，阻值应为 0 Ω。

(4) 关闭近光灯开关，打开远光开关。测量前照灯插座白色导线与搭铁间电压，电压值约为 12 V。

(5) 将前照灯安装到前照灯插座上。打开远近光开关，观察远近光灯是否工作正常。

(6) 将前照灯安装到灯座上，将卡簧压入固定槽口。

(7) 安装前照灯插座，安装前照灯后盖，将压紧弹簧压入后盖槽中。

任务二：转向灯不亮故障诊断

1. 转向灯不亮故障诊断。

(1) 左右转向灯都不亮

① 转向灯熔断丝熔断。

② 蓄电池至转向开关之间的线路断路或接触不良。

③ 闪光器有问题。

④ 危险灯开关损坏。

⑤ 公共连接导线断路。

(2) 左右转向灯亮但不闪烁。

① 继电器连电；

② 闪光继电器损坏。

(3) 闪烁频率太高或太低。

① 灯光的功率小于或大于闪光器。

② 闪光器调整不当。

③ 电源电压过低或过高。

④ 某转向灯灯泡烧坏。

⑤ 灯泡接触不良。

(4) 左右闪烁频率不一样（或一边闪一边不闪）。

① 灯泡已损坏。

② 灯泡的搭铁线不良。

③ 由于闪光器使用太久。

(5) 其他用电设备打开时，转向灯闪烁特别慢或不工作。

① 蓄电池电压过低。

② 连接导线接触不良。

2. 案例导入

一辆行驶里程约 116 000 km 的东风雪铁龙新爱丽舍三厢轿车，该车配置 1.6 L、16 V 发动机，手动变速器。

车主反映：车辆打转向时，左、右转向灯不能正常点亮，当按下仪表上的危险报警灯开关后，所有的转向灯也不工作。

(1) 故障诊断：对转向灯工作原理图进行分析。对转向灯工作电路进行检查，先检查供电和搭铁状态是否正常，测量转向灯搭铁点 ME20、ME30 的电压值为 0 V，又测量这两个搭铁点与车身其他工作正常搭铁点之间的电阻值，结果小于 1 Ω，表明此转向灯的两个搭铁点的工作是符合要求的。继续检查供电脚的电压，测量结果为 0 V（正常情况下应该为蓄电池电压)。于是对线路上的各个熔断丝进行检查，先拆下座舱熔断丝盒内的SH熔断丝，将其用万用表进行通断检查，发现其状态是没有问题的；拆下F14熔断丝，用万用表检查其通断，发现其被熔断，于是更换一个新的F14熔断丝，之后进行转向灯和危险报警灯的控制工作，它们都已恢复正常，故障排除。但是，用户回去后两天又反映左、右转向灯不能正常工作。继续进行故障排除，发现F14熔断丝又被熔断了，更换一个新的熔断丝后，对转向灯的工作线路进行以下步骤的仔细检查。

① 检查组合开关及其工作线路的工作情况。在点火开关打开和关闭两种情况下测量其供电9 V NR 2B脚、1A脚，5 V BA 1B脚、2B脚的电压值，结果与正常情况下的标准相符合，表明供电线路无问题。又检查转向灯继电器（电气编号2300）线路的通断，插接器9 V NR 4A脚、2A脚和转向灯继电器插接器9 V NR 7脚、9脚之间的电阻值，测量结果表明它们之间的通断是正常的。于是更换一个新的组合开关总成，发现故障现象还没有排除，表明故障的产生与组合开关及其工作线路无关。

② 检查转向灯继电器及其线路的工作情况。检查各工作脚的电压值（点火开关打开和关闭两种情况)，没有发现问题。更换一个新的转向灯继电器总成，进行相关操作，故障还没消失，说明故障的产生与转向灯继电器及其线路无任何联系。

③ 对前转向灯及其工作线路进行检查。检查左前转向灯（电气编号2320）插接器2 V GR1脚、2脚的电压值（拆下灯泡时)，结果分别为蓄电池电压、0 V，符合要求。更换一个新的左前转向灯，故障还存在。继续检查右前转向灯的情况，没有发现异常情况，表明故障的产生与前转向灯及其工作线路无关。

④ 对侧转向灯及其工作线路进行检查。检查左侧转向灯和右侧转向灯插接器2 VMR 1脚、2脚的电压值，结果分别为蓄电池电压、0 V（灯泡拆下时)，符合要求。更换新的灯泡进行试验，也没有发现问题，证明故障的产生与侧转向灯及其工作线路无关。

⑤ 对后转向灯及其工作线路进行状态检查。发现左后转向灯的供电脚在左转向灯未打开时也为蓄电池电压，而正常情况下应该为0 V，确定后转向灯线路有问题，于是对此线路进行仔细的目视检查，发现用户在装饰店装的倒车雷达系统在此进行搭铁，将此搭铁拆下进行相关处理（接到车身搭铁点上)，而后让用户回去试用一段时间。电话回访，故障没有再出现。

(2) 故障总结：此故障是由于用户在装饰店装的倒车雷达系统搭铁线接在了左后转向灯的供电脚上，导致频繁熔断转向灯工作线路上的F14熔断丝，这种情况下转向灯无法进行点亮且危险报警灯开关按下后，6个转向灯也无法进行相关的危险警报警示工作。

任务三：制动灯不亮故障诊断

1. 故障诊断与排除

(1) 线路中或搭铁处有断路；

(2) 制动灯开关失灵；

(3) 灯泡烧坏。

2. 案例导入

一辆行驶里程约18.4万公里的2006款别克君越2.4 L轿车。用户反映：该车制动灯不亮。图2－27所示为制动灯不亮故障诊断。

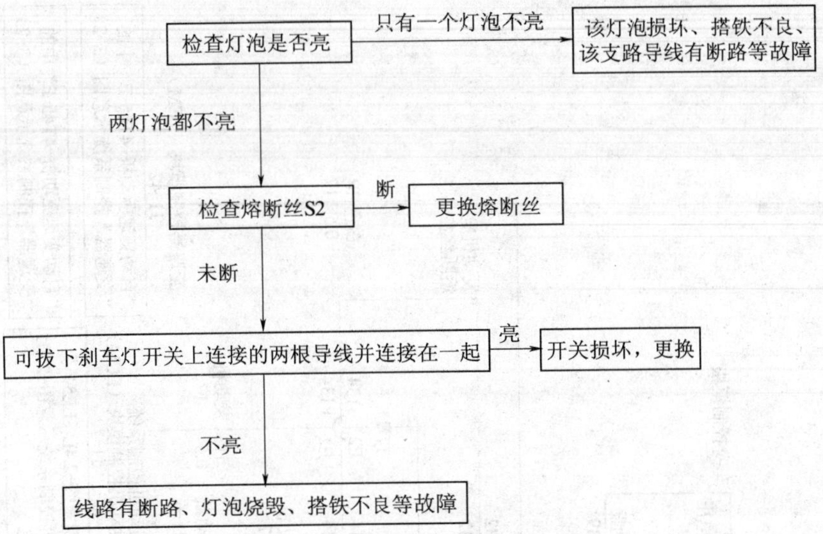

图 2－27　制动灯不亮故障诊断

故障诊断：别克君越轿车制动灯控制电路与以往别克有所不同，原来的制动灯开关变为制动踏板位置传感器，其电路如图 2－28 所示。该信号传递给车身控制模块（BCM）、BCM 收到制动信号后，由 J2－30 端子输出 12 V 电压信号，一路点亮高位制动灯（LED），另一路控制制动灯继电器工作，由继电器触点闭合点亮两个后部制动灯。根据这一控制特点，在踩制动踏板时观察高位制动灯，发现已点亮，只是两个后部制动灯不亮，这样就排除了制动位置传感器及 BCM 故障的可能性，故障范围仅锁定在 BCM 的 J2－30 端子输出之后的电路，包括制动灯继电器。

打开发动机舱盖下的熔丝继电器盒，里面没有找到制动灯继电器，查阅电路图也没有找到继电器位置。估计该继电器与 BCM 距离不会太远，BCM 就在转向盘下面的仪表台里面，于是掀开仪表左侧的盖板，结果露出两个继电器。在踩制动踏板时，右边的继电器内部有“咔嗒”声，此时测量其 87 端子有 12 V 电压输入，但 30 端子没有电压输出，判断继电器损坏。更换新件，制动灯能正常点亮。

3．维修小结

同样的故障经常发生，很多初次检修此故障的人除了按常规思路怀疑灯泡、熔断丝、制动开关（制动踏板位置传感器）外，几乎找不到制动灯继电器位置，在此提醒广大维修人员注意。遇到故障之后，不盲目地更换部件，而是对系统进行一个系统而全面的分析，从而使故障诊断的思路非常清晰，进行故障排除的时候也可以有的放矢。

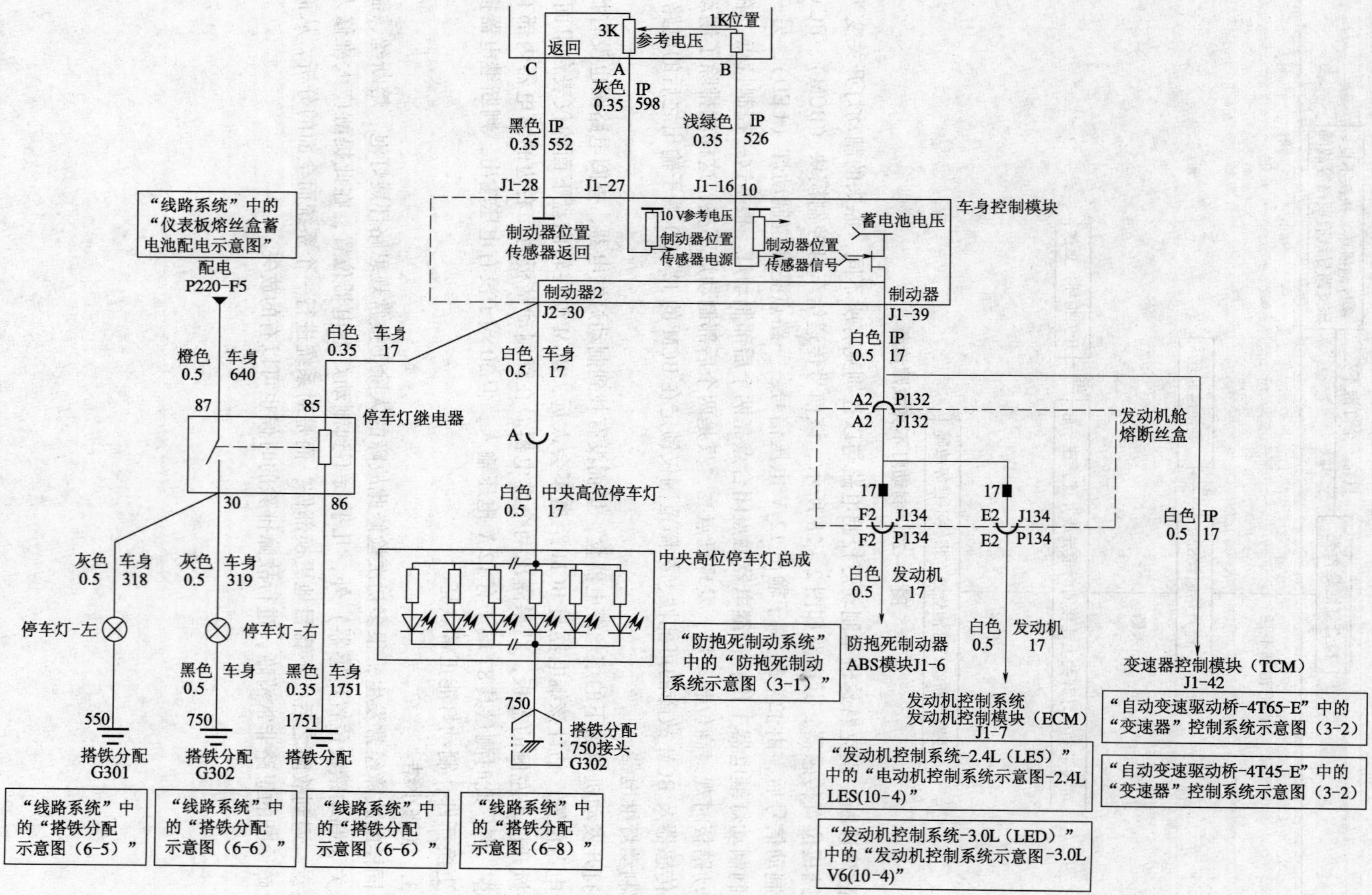

图 2-28　别克君越轿车制动灯电路

项目三

汽车仪表

一、项目要求

(1) 能够明确汽车仪表系统的类型、结构和工作原理。
(2) 能够识读电路图。
(3) 会利用所学知识诊断、排除汽车仪表系统故障。

二、相关知识

不同汽车的组合仪表的仪表个数不同，一般仪表板上主要有燃油表、冷却液温度表、发动机转速表和车速里程表等。仪表板上还有许多指示灯、报警灯、仪表灯等。组合仪表中的仪表可单独更换，各种指示灯、报警灯和仪表灯从仪表板外面就可更换灯泡。典型轿车组合仪表板如图 3－1 所示。

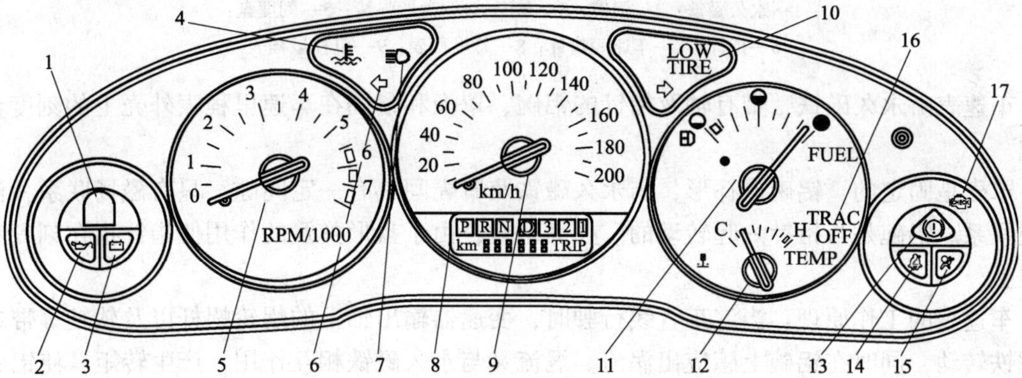

图 3－1　典型轿车组合仪表板

1—防抱死制动系统报警灯；2—机油压力报警灯；3—充电指示灯；4—水温报警灯；5—转速表；6—转向指示灯；7—大灯指示灯；8—变速器挡位指示（AT 车辆）和里程/单程显示；9—车速表；10—轮胎压力报警灯；11—燃油表；12—水温表；13—制动系统报警灯；14—安全带指示灯；15—安全气囊报警灯；16—牵引力关闭指示灯；17—发动机故障报警指示灯

（一）认识车速里程表

1. 车速里程表的功用与分类

车速里程表是用来指示汽车行驶速度和累计行驶里程数的仪表，由车速表和里程表两部分组成。车速里程表有磁感应式和电子式两种。

（1）磁感应式车速里程表。

磁感应式车速里程表也称永磁式车速里程表，如图 3－2 所示。磁感应式车速里程表没有电路的连接，采用的是机械传动，由变速器输出轴上的一套蜗轮蜗杆以及挠性软轴来驱动。

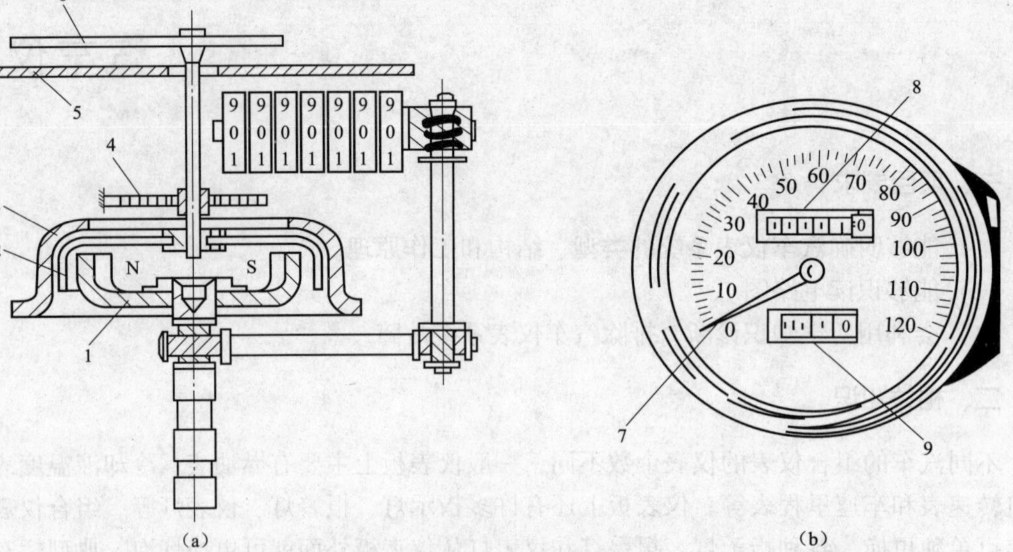

图 3－2　磁感应式车速里程表

（a）内部结构；（b）表盘

1—永久磁铁；2—铝碗；3—罩壳；4—盘形弹簧；5—刻度盘；

6—指针；7—车速表指针；8—总里程表；9—单程量程表

车速表由永久磁铁、带有轴及指针的铝碗、罩壳和紧固在车速里程表外壳上的刻度盘等组成。

罩壳是固定的，铝碗成杯形，与永久磁铁及罩壳间具有一定间隙，只有磁场联系，没有机械联系。铝碗是与指针一起转动的。在静态时，由于盘形弹簧的作用使指针指在刻度盘的零位上。

车速表的工作原理：当汽车直线行驶时，变速器输出轴上的蜗轮蜗杆以及软轴等带动永久磁铁转动，同时在铝碗上感应出涡流。涡流又与永久磁铁相互作用，产生转矩，使铝碗反抗游丝向前运动，带动指针同转一个角度，因为涡流的强弱与车速成正比（车速越高，磁场切割速度越高），所以指针指示的速度也必定与汽车的速度成正比。

里程表是由蜗轮蜗杆和计数轮组成的。蜗轮蜗杆和汽车的传动轴之间具有一定的传动比。在汽车行驶时，软轴驱动车速里程表的小轴，经 3 对蜗轮蜗杆带动里程表的第一计数轮转动。第一计数轮上的数字为 0.1 km。每两个相邻的计数轮之间，又通过本身的内齿和进位计数轮的传动齿轮，形成 1∶10 的传动比。这样汽车行驶时，就可以将行驶里程不断累计起来。

（2）电子式车速里程表。

电子式车速里程表被广泛地应用于现代汽车上，它主要由车速传感器、电子电路、步进电动机、车速表和里程表等组成。图 3－3 所示为电子式车速里程表的结构框图。

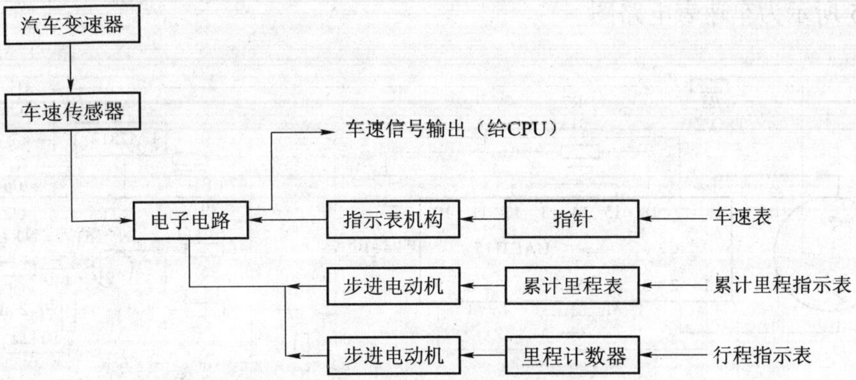

图 3－3　电子式车速里程表的结构框图

电子式车速里程表的结构如图 3－4 所示，它主要由动圈式车速测量机构、行星齿轮减速传动机构带动的十进制记录里程数字轮、处理与速度有关的脉冲信号的线路板组合、接收与速度有关的信号的霍尔型转速传感器以及步进电动机等组成。

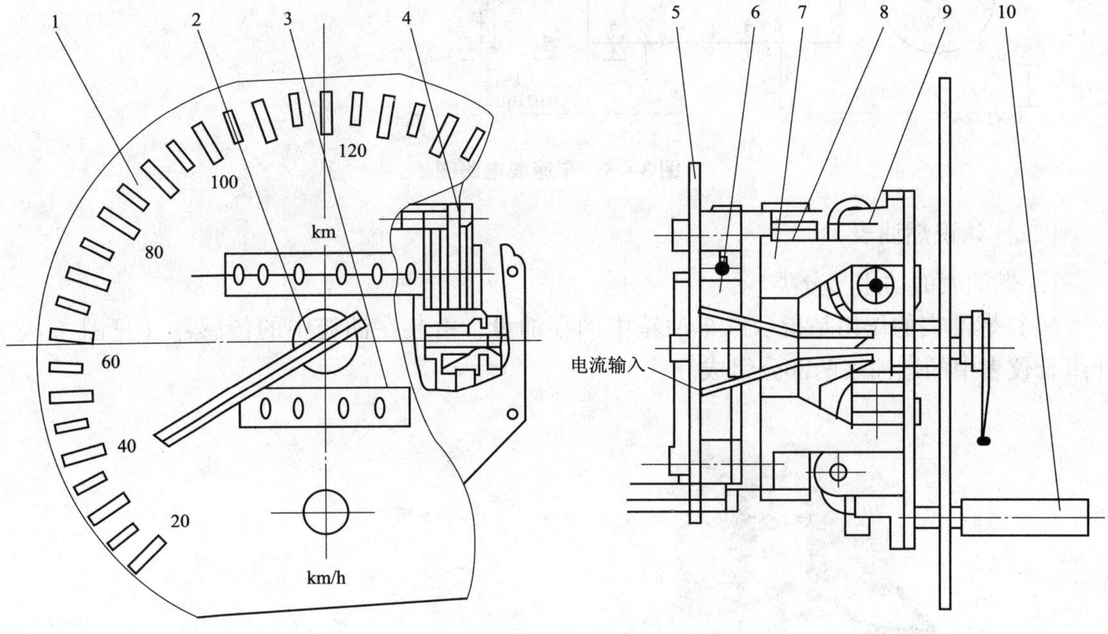

图 3－4　电子式车速里程表的结构

1—刻度盘；2—指针组合；3—里程计数器；4—数字轮；5—线路板组合；6—步进电动机；7—座架；8—动圈式车速测量机构；9—计数器组合；10—日程复位机构

电子式里程表是以动圈式测量机构指示车速、步进电动机通过行星齿轮系减速数字轮记录里程，安装在变速器后部的车速传感器将车速转化为脉冲信号，经由电子元器件组成的电路处理后，输出电流驱动动圈式测量机构，带动指针偏转一定角度。由于车速传感器产生的脉冲频率经电路处理后，与输出的电流相对应，因此指针指示相应的车速。而里程记录是将输入的脉冲频率，由电路分频处理后驱动步进电动机，使行星齿轮减速数字轮分别累计总里程和日程里程。

2. 车速表电路图识读

图 3－5 所示为车速表电路图。

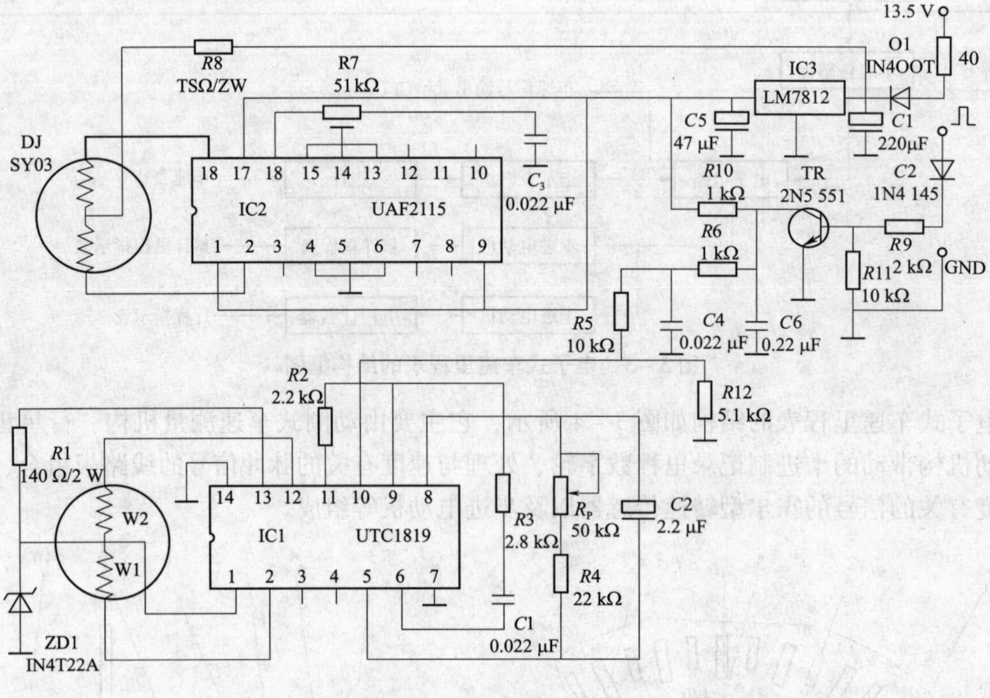

图 3－5　车速表电路图

（二）认识燃油表

1. 燃油表的功用与分类

（1）燃油表的作用是指示汽车油箱中的存油量，由装在油箱中的传感器（见图 3－6）和组合仪表中的燃油表两部分组成。

图 3－6　燃油表传感器

（2）燃油表有电磁式和电热式两种。两种燃油表的传感器均可使用可变电阻式传感器。

① 电磁式燃油表的工作原理。

图 3 –7 所示为电磁式燃油表的结构和工作原理。

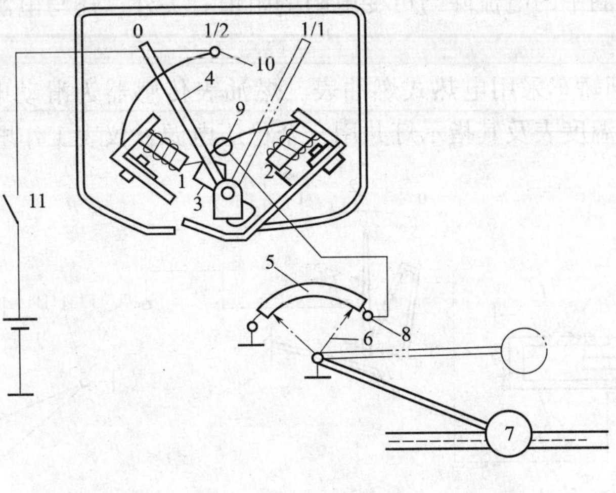

图 3 –7　电磁式燃油表的结构和工作原理

1—左线圈；2—右线圈；3—转子；4—指针；5—可变电阻；6—滑片；
7—浮子；8—传感器接线柱；9，10—燃油表接线柱；11—点火开关

燃油表的传感器由可变电阻、滑片和浮子等组成。当油箱内油位高低变化时，浮子带动滑片移动，从而改变电阻大小。左线圈与可变电阻串联，右线圈与可变电阻并联。其工作原理为：当油箱无油时，浮子下沉，可变电阻被滑片短路，右线圈同时被短路，无电流通过。此时，左线圈中的电流达到最大，产生的电磁吸引力最强，吸引转子使指针指向“0”的位置。

当油箱中的燃油增加时，浮子上浮，带动滑片滑动，可变电阻的阻值变大，使右线圈中的电流增加，而左线圈中的电流减小，在左线圈和右线圈的合成磁场作用下，转子带动指针向右偏转。

当油箱装满油时，右线圈的电磁力最大，指针指向“1/1”的位置；当油箱中油为半箱时，指针指向“1/2”的位置。传感器接线柱的末端搭铁，可减小滑片与可变电阻接触时产生的火花。

② 电热式燃油表的工作原理。

电热式燃油表又称为双金属片燃油表，它的传感器与电磁式燃油表相同。其结构与工作原理如图 3 –8 所示。

当油箱无油时，传感器浮子在最低位置，将可变电阻全部接入电路，加热线圈中的电流最小，所以双金属片没有变形，指针指示“0”的位置；当油箱中的油量增加时，传感器浮子上

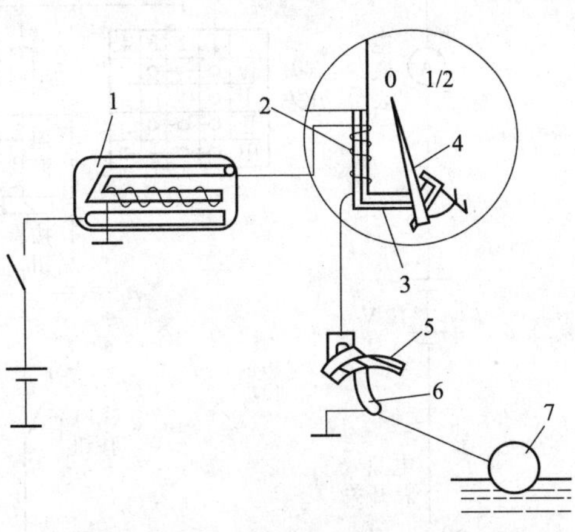

图 3 –8　电热式燃油表的结构与工作原理

1—稳压器；2—加热线圈；3—双金属片；
4—指针；5—可变电阻；6—滑片；7—传感器浮子

浮，带动滑片移动，可变电阻的阻值减小，加热线圈中的电流增大，双金属片受热变形，带动指针向右转动。

由于流经加热线圈中的电流除与可变电阻的阻值有关外，还与电源电压有关，因此该电路中需配有稳压器。

桑塔纳2000系列轿车采用电热式燃油表，燃油表传感器为滑动电阻式，如图3－9所示。燃油表与冷却液温度表及其指示灯共用一个稳压电源，仪表工作电压为9.5～10.5 V。

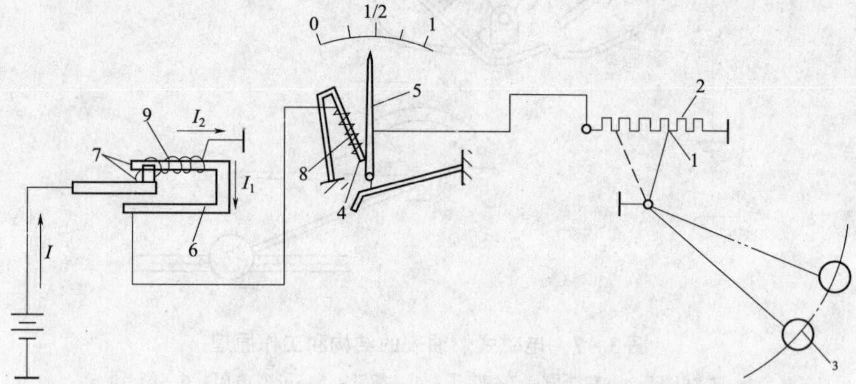

图3－9　桑塔纳2000系列轿车电热式燃油表的结构与工作原理

1—滑动接触片；2—可变电阻；3—浮子；4—双金属片；5—燃油表指针；
6—稳压器双金属片；7—触点；8—燃油表电阻丝；9—稳压器电阻丝

电流自蓄电池经稳压器双金属片、燃油表电阻丝、燃油表传感器的可变电阻和滑动接触片，最后回到蓄电池。当燃油箱中的油面高度和浮子处于最低位置时，滑动接触片位于可变电阻的右端，此时电阻最大（560 Ω）而电流最小，电阻丝散发的热量也最少，使得双金属片产生较小的变形，指针处于“0”的位置；反之，当油箱中的油加满时，电阻最小(50 Ω)而电流最大，指针移动到燃油表最右端“1/1”位。

2．燃油表电路图识读（图3－10）

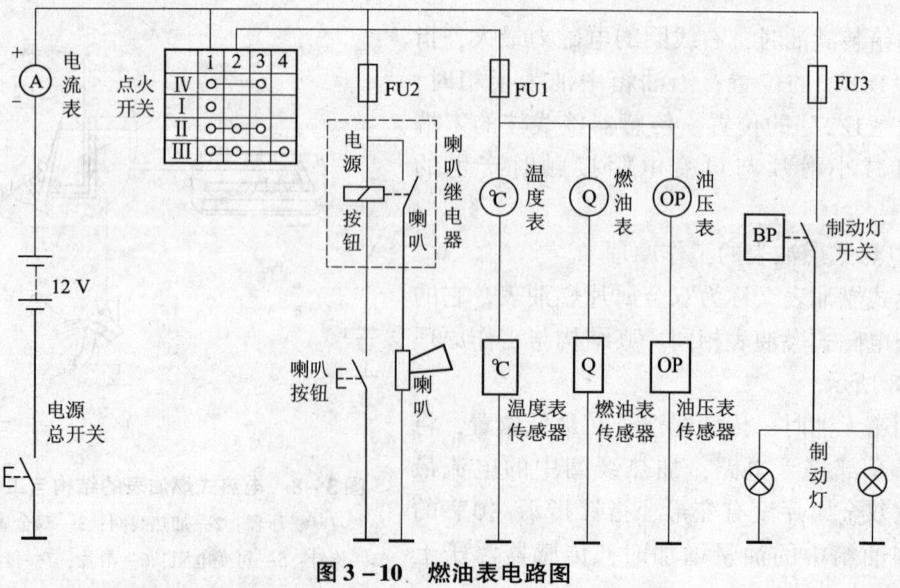

图3－10　燃油表电路图

打开点火开关，电流从蓄电池流出，经过点火开关给燃油表供电，燃油表与燃油表传感器串联，当油量发生变化时，燃油表传感器分压发生改变，从而引起流过燃油表的电流发生变化，从而指示油量。

三、项目实施

仪表系统检修步骤如下：

(1) 拆装注意事项。

① 拆装仪表系统时，应先拆下蓄电池负极电缆，以免手触摸仪表板后面时造成线路短路。

② 拆卸装饰面板时，由于固定螺钉一般是隐蔽的，因此要仔细查找固定螺钉，否则强行拆卸将会损坏装饰面板。

③ 拆装仪表系统时，应注意仪表板后面的线束插接器及车速里程表软轴接头，一般都带有锁止机构，切忌强拆，安装时要确保插接到位。

④ 从电路板上拆下仪表表芯、电源稳压器、照明及指示灯时，不要损坏印制电路。

(2) 单独更换表芯或仪表传感器时，注意仪表与传感器必须配套使用。

(3) 拆装仪表及传感器时，注意动作要轻，不要敲打。

(4) 电热式机油压力传感器安装时有方向要求。

(5) 仪表与传感器的接线、传感器的搭铁必须可靠。

(6) 电磁式仪表的接线柱有极性之分，不得接错。

任务一：车速表故障诊断

1. 车速表故障诊断

车速里程表一般有磁感应式车速里程表和电子式车速里程表。检查车速里程表时可将车托起，起动发动机，将变速器挂上挡，使驱动轮运转，观察转速表的工作情况。检测时注意发动机的转速不要过高，以免损坏差速器。

(1) 磁感应式车速里程表故障的诊断与排除。

磁感应式车速里程表常见故障有噪声、指针抖动或不工作。

① 噪声故障。一般是软轴缺油，需要将软轴拆下，进行清洗并加润滑油，但最好是更换软轴。特殊情况，若表头中的表轴磨损，使铝碗与磁铁相碰发出噪声，需要更换表头。

② 车速里程表不工作或指针抖动故障。首先检查软轴与其他线束是否有交错挤压的现象，若有上述情况，先将软轴正确归位；检查变速器输出轴驱动小齿轮的磨损情况，软轴与驱动小齿轮的啮合间隙如果不符标准，应该更换软轴；检查表头内蜗轮与蜗杆的间隙，如果过大可调整间隙使其缩小。

(2) 电子式车速里程表故障的诊断与排除。

电子式车速里程表的常见故障是不工作，原因是传感器损坏或线束、仪表等有故障。

① 判断是传感器故障还是仪表故障。

a. 拔开传感器插接件，断开点火开关，插接件中与棕底红道线相连接的即为 2 号电极，用一根自制带插头的电线延伸出，对车身搭铁部位虚划动，给仪表输入脉冲信号，此时若车速表指针转动，说明仪表正常，故障发生在传感器舌簧开关管或磁环上面。此时若车速表指针不转动，说明仪表或连接线路有故障，应继续进行下一步故障分析。实践证明，用虚划动电线的方法制造脉冲信号，对判定该故障部位确实可行。

b. 将万用表连接在仪表板总成红色 26 项插头的 8 和 14 之间，如图 3 – 11 所示，置电压挡，将汽车左前轮升起，挂空挡，接通点火开关，用手转动左前轮，万用表应显示约 4.5 V，若未达到规定值，则应依电路图查找线路断路处或更换车速传感器。若显示值正常，则应检查线路和车速里程表。

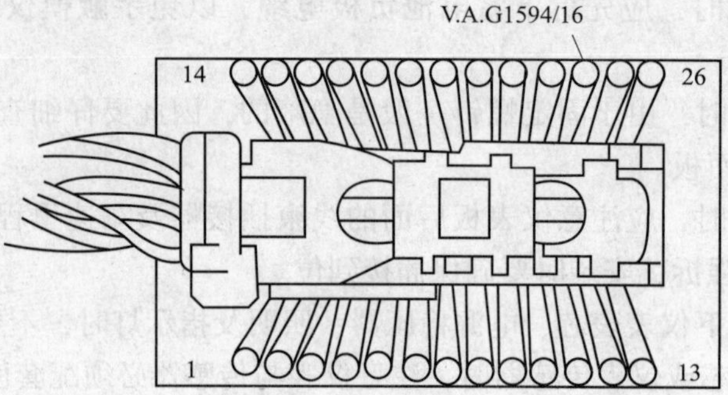

图 3 – 11　仪表系统线束连接器 1 ~ 26 端子

② 判断是仪表故障还是线路故障。

拆下仪表盘，不要拔开插头，用万用表测量仪表上的 3 个电极。断开点火开关，由 26 号熔断丝提供车速里程表电源火线对搭铁电压应为 12 V，若符合说明线路正常。然后用万用表欧姆挡测量电阻，由仪表至传感器插接件间的脉冲信号线电阻应为零，搭铁电极对搭铁电阻应为零。如实际测量与上面 3 个数值不符，说明线路存在断路故障，应排除。若线路测量无故障，说明车速里程表有问题，应检修或更换。

车速里程表还有一种故障，车速表和里程表只有一个工作，这是因为仪表内部电路或机械部分存在故障，可做细致的检修或更换新仪表。

2. 案例导入

案例一　里程表不工作

首先判断是传感器故障还是仪表故障：拔开传感器插接件虚划动脉冲信号线，此时车速表指针不转动。随后将仪表盘拆下来，测量线路无问题。最后仔细检查仪表盘，看有无异常，发现车速里程表搭铁电极开焊。重新焊牢后，车速里程表工作正常。

案例二　车速里程表工作时断时续

在检修时，车速里程表工作正常，初步判断线路存在接触不良。从奥迪 100 型轿车四缸、五缸车型的电路图看，车速里程表火线、搭铁线与其他仪表、指示灯共用；传感器脉冲信号线经过插接件较多，因此怀疑在经过插接件时很有可能接触不良，于是边测量仪表板与传感器插接件间脉冲信号线的电阻，边用手晃动各插接件，当晃动 10 极黄色插接件时，脉冲信号线电阻突然由零变到无穷大，说明线路接触不良点在插接件第 9 极上，经过清洁修整，使之接触良好，车速里程表故障被排除。

案例三　车速表显示不正确

一辆奥迪 100 型轿车速度超过 80 km/h 时，车速表指针仍停留在 80 km/h 处不再上升。

初步判断传感器输出脉冲信号失准或仪表存在故障。用双柱举升器将汽车升起，发动机挂挡加速，用示波器观察传感器脉冲信号，当车速超过 80 km/h 时，显示屏上的脉冲信号时有时断，说明传感器存在故障。更换新的舌簧开关管后，故障依旧未排除，判断是传感器的磁环已退磁，由于磁场减弱，舌簧开关管接近磁场时内部触点不能吸合，车速越高，触点与磁场生命周期越短，脉冲信号丢失越严重。拆下左驱动轴，更换新磁环后，车速表显示行驶速度正常。

任务二：燃油表故障诊断

1．燃油表故障诊断

（1）燃油表使用注意事项。

① 燃油表必须与其配套的稳压器、传感器配套使用。

② 燃油表的接线必须连接可靠，不得与金属导体相接触。

③ 两接线柱式燃油表，一般情况下应将上接线柱与电源线相连，下接线柱与传感器相连。

（2）燃油表的检测与故障诊断。

电磁式燃油表电路图如图 3－12 所示。

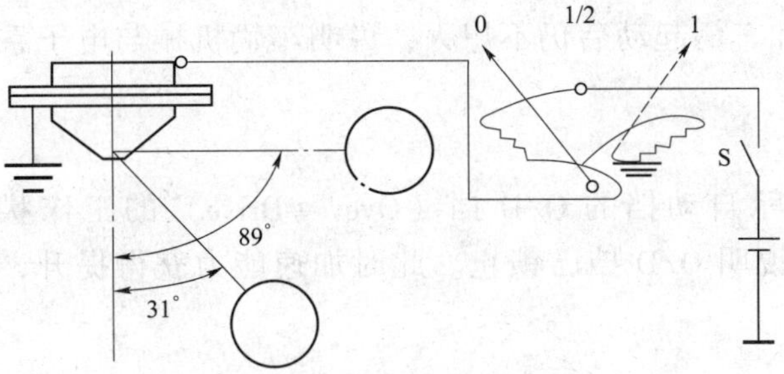

图 3－12　电磁式燃油表电路图

燃油表不工作，其原因为表损坏、传感器损坏、仪表稳压器损坏或接线损坏。

若为稳压器有故障则通常水温表也不正常，通过测其输出电压便可予以确定；对传感器，可将传感器火线拆下搭铁的方法观察表有无反应，若有反应说明传感器已损坏，可能其内部滑片与变阻部分接触不良，变阻器氧化、锈蚀等；若无反应应通过电压或电阻测量迅速判断导线故障，若均无问题则为燃油表有故障。

① 用万用表分别测量燃油表线圈和传感器的电阻值，均应符合原制造厂规定，否则，可拆开表壳更换线圈，拆开传感器外壳更换电阻丝或更换总成。

② 燃油表传感器的检测诊断。

将被测燃油表与标准传感器（检查燃油表）或标准指示仪表与被测传感器（检查传感器）按图 3－12 接线，将浮子分别摆到规定位置，指示仪表的指针应相应地指在“0（E）”和“1（F）”的位置上，且误差不应超过 10%，即为良好，否则应予调整或更换新表或新传感器。

2．油压表的检测诊断

（1）油压表使用注意事项。

① 油压表指示器必须与其配套设计的传感器配套使用。

② 油压表安装时必须注意接线柱的绝缘应良好，拆卸时不要敲击或磕碰。

③ 双金属脉冲式机油压力表传感器安装时，一定要使传感器上的箭头符号向上并与垂直中心线的夹角小于30°。

④ 簧管式油压表安装时必须保证管口的密封，以防漏油。

四、项目拓展

一、车内各类仪表指示灯

汽车仪表盘图标大全

1. ABS 指示灯

该指示灯用来显示 ABS 工作状况。当打开钥匙门，车辆自检时，ABS 灯会点亮数秒，随后熄灭。如果未闪亮或者起动后仍不熄灭，表明 ABS 出现故障。

2. EPC 指示灯

常见于大众品牌车型中。当打开钥匙门，车辆开始自检时，EPC 灯会点亮数秒，随后熄灭。如车辆起动后仍不熄灭，说明车辆机械与电子系统出现故障。

3. O/D 挡指示灯

该指示灯用来显示自动挡的 O/D 挡（Over - Drive）的工作状态，当 O/D 挡指示灯闪亮，说明 O/D 挡已锁止。此时加速能力获得提升，但会增加油耗。

4. 安全带指示灯

该指示灯用来显示安全带是否处于锁止状态，当该灯点亮时，说明安全带没有及时扣紧，有些车型会有相应的提示音。当安全带被扣紧后，该指示灯自动熄灭。

5. 蓄电池指示灯

该指示灯用来显示蓄电池使用状态。当打开钥匙门，车辆开始自检时，该指示灯点亮，起动后自动熄灭。如果起动后蓄电池指示灯常亮，说明该蓄电池出现了使用问题，需要更换。

6. 机油指示灯

该指示灯用来显示发动机内机油的压力状况。当打开钥匙门，车辆开始自检时，指示灯点亮，起动后熄灭。该指示灯常亮，说明该车发动机机油压力低于规定值，需要维修。

7. 油量指示灯

该指示灯用来显示车辆内储油量的多少，当钥匙门打开、车辆进行自检时，该油量指示灯会短时间点亮，随后熄灭。如起动后该指示灯点亮，则说明车内油量不足。

8. 车门指示灯

该指示灯用来显示车辆各车门状况，当任意车门未关上或者未关好时，相应的车门指示灯点亮，提示车主车门未关好；当车门关闭或关好时，相应车门指示灯熄灭。

9. 气囊指示灯

该指示灯用来显示安全气囊的工作状态，当打开钥匙门，车辆开始自检时，该指示灯自动点亮数秒后熄灭；如果常亮，则安全气囊出现故障。

10. 刹车盘指示灯

该指示灯是用来显示车辆刹车盘磨损的状况。一般，该指示灯为熄灭状态，当刹车盘出现故障或磨损过度时，该指示灯点亮，修复后熄灭。

11. 手刹指示灯

该指示灯用来显示车辆手刹的状态，平时为熄灭状态。当手刹被拉起后，该指示灯自动点亮。手刹被放下时，该指示灯自动熄灭。有的车型在行驶中未放下手刹会伴随有警告音。

12. 冷却液温度指示灯

该指示灯用来显示发动机内冷却液的温度。当钥匙门打开，车辆自检时，会点亮数秒后熄灭。冷却液温度指示灯常亮，说明冷却液温度超过规定值，需立刻暂停行驶。冷却液温度正常后熄灭。

13. 发动机指示灯

该指示灯用来显示车辆发动机的工作状况。当打开钥匙门、车辆自检时，该指示灯点亮后自动熄灭，如果常亮则说明车辆的发动机出现了机械故障，需要维修。

14. 转向灯指示灯

该指示灯是用来显示车辆转向灯的状态，通常为熄灭状态。当任一方向转向灯点亮时，该指示灯会同时点亮相应方向的转向指示灯，转向灯熄灭后，该指示灯自动熄灭。

15. 远光指示灯

该指示灯是用来显示车辆远光灯的状态。通常情况下该指示灯为熄灭状态。当点亮远光灯时，该指示灯会同时点亮，以提示驾驶员车辆的远光灯处于开启状态。

16. 玻璃水指示灯

该指示灯是用来显示车辆所装玻璃清洁液的多少，平时为熄灭状态。该指示灯点亮时，说明车辆所装载玻璃清洁液已不足，需添加玻璃清洁液。添加玻璃清洁液后，指示灯熄灭。

17. 雾灯指示灯

该指示灯是用来显示前后雾灯的工作状况。当前后雾灯点亮时，该指示灯相应的标志就会点亮。关闭雾灯后，相应的指示灯熄灭。

18. 示廓指示灯

该指示灯是用来显示车辆示廓灯的工作状态，平时为熄灭状态，当示廓灯打开时，该指示灯随即点亮。当示廓灯关闭或者关闭示廓灯打开大灯时，该指示灯自动熄灭。

19. 内循环指示灯

该指示灯是用来显示车辆空调系统的工作状态，平时为熄灭状态。当点亮内循环按钮、车辆关闭外循环、空调系统进入内循环状态时，该指示灯自动点亮；内循环关闭时熄灭。

20. VSC 指示灯

该指示灯是用来显示车辆 VSC（电子车身稳定系统）的工作状态，多出现在日系车上。当该指示灯点亮时，说明 VSC 系统已被关闭。

二、车内功能按键

1. 油箱开启键

该按键是用来在车内遥控开启油箱盖。装有该按键的车辆，驾驶员可以通过这个按键将油箱盖子从车内打开。不过油箱的关闭需要手动在车外控制。

2. ESP 开关键

该按键是用来打开、关闭车辆的 ESP。车辆的 ESP 系统默认为工作状态，为了享受更直接的驾驶感受，驾驶员可以按下该按键关闭 ESP 系统。

3. 倒车雷达键

该按键是用来根据驾驶员需要打开或关闭车上的倒车雷达系统。驾驶员可以按下该按钮手动控制倒车雷达的工作。

4. 中控锁键

该按键是车辆中控门锁的控制按钮。驾驶员可以通过按下该按钮，同时打开或是关闭各车门的门锁；也可以单独关闭某一个开启的车门，有效地保证了车内人员的安全。

5. 前大灯清洗键

该按键是用来控制前大灯的自动清洗功能。在装有前大灯清洗的车辆上，驾驶员可以通过按下这一按键开启前大灯清洗装置，对车辆的前大灯进行喷水清洗。

6. 后遮阳帘键

该按键是用来控制车内电动后遮阳帘的打开与关闭。在装有电动后遮阳帘的车内，驾驶员可以通过按下这一按键打开或是关闭后窗的电动遮阳帘。

三、组合仪表的检修

汽车仪表在汽车上的安装形式要分为两大类，一类是分体式仪表，一类是组合式仪表。

仪表与警报系统产生故障时，如果是分体式仪表，可解体后对各仪表进行单独的故障诊断，而组合式仪表则一般只能在不解体状态下进行一些总体性的检查与诊断。

（一）分体式仪表的故障诊断

分体式仪表板解体后，可对其中各仪表及相应的传感器进行单独诊断。

1. 稳压器的检查

仪表板背面的稳压器同时连接于燃油表和冷却液温度表指示系统内。如果燃油表或温度表指示不准确，很可能是稳压器有故障，应对其进行检查。检查稳压器时，用电压表测量其输出电压即可，即测量其输出接线柱（图 3 – 13 中 1 号端）和接地端（图 3 – 13 中 2 号端）之间电压，应保持在 10 V 左右，若电压大于 10.5 V 或小于 9.5 V，说明该稳压器有故障，需进行更换。

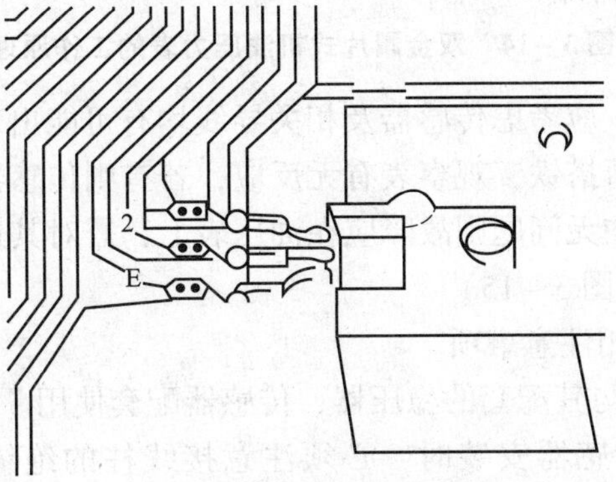

图 3 – 13　稳压器故障检测

2. 电流表的检查与诊断

（1）电流表使用注意事项。

① 不同型号的汽车使用不同型号的发电机，配用不同量程的电流表。电流表的量程有 –20 ~ +20 A、–30 ~ +30 A、–50 ~ +50 A、–60 ~ +60 A 等。

② 电流表应与铅蓄电池串联，接线时极性不可接错。通常在负极搭铁的汽车电气系统中，电流表的“ – ”接线柱与蓄电池的正极相连，电流表的“ + ”接线柱与发电机的正极相连。

③ 电流表只允许通过小电流，一般对点火系统、仪表系统等长时间连续工作的小电流可经电流表，而对短时间断续用电设备的大电流，如起动机、转向灯、电喇叭等均不通过电流表。

（2）电流表的检测及故障处理。

将被测电流表与标准直流电流表（ –30 ~ +30 A）及可变电阻串联在一起，接蓄电池电流，逐渐减小可变电阻值，比较两个电流表的读数，若读数差不超过 20%，则可认为被测电流表工作正常。否则，电流表故障，可将其直接更换。

3. 电压表的检测与诊断

现代轿车上已越来越多的应用电压表来监测电源电压情况。当怀疑电压表有故障时，可将被测电压表与电压可调的标准电源并联，观察显示数与标准电源电压是否一致。若一致，则可认为电压表正常；否则，电压表故障，可将其直接更换。

4. 油压表的常见故障及排除

双金属片式机油压力表的工作原理如图 3－14 所示。

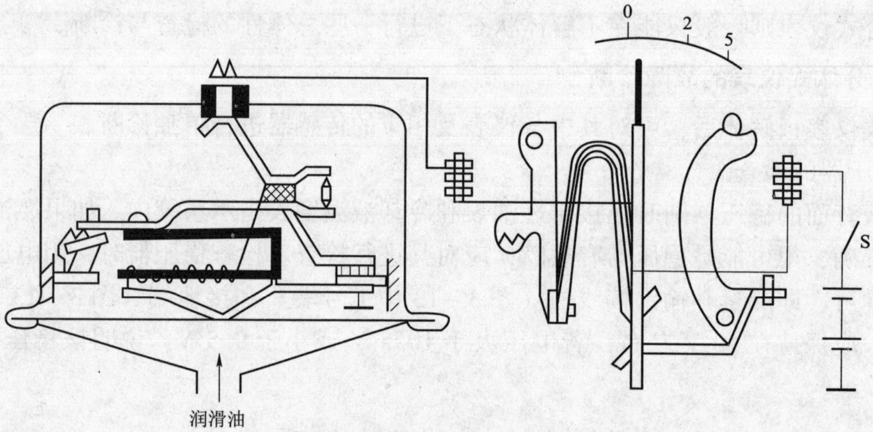

图 3－14　双金属片式机油压力表的工作原理

油压表显示不正常时，应考虑传感器及相关导线均有可能出现故障。

首先将传感器火线短暂搭铁，观察表有无反应，若有则传感器有故障；通过测电阻或电压判断导线有无故障；若均无问题则故障应在油压表上，需对其进行检测。

5．冷却液温度表（见图 3－15）

（1）冷却液温度表使用注意事项。

① 冷却液温度表必须与其配套的稳压器、传感器配套使用。

② 冷却液温度表与传感器安装时，必须注意接线柱的绝缘，同时必须保证各接线可靠，并不得与金属体相碰。

③ 冷却液温度表及传感器拆卸时不要敲打和碰撞。

图 3－15　冷却液温度表

（2）冷却液温度表及传感器的检测。

先用万用表测量指示表内线圈及传感器的电阻值，应符合原制造厂的规定，否则更换。或与标准冷却液温度表、标准传感器比较测量值，若有较大误差应予以更换。

（3）冷却液温度表的故障诊断。

冷却液温度表的工作原理如图 3－16 所示。

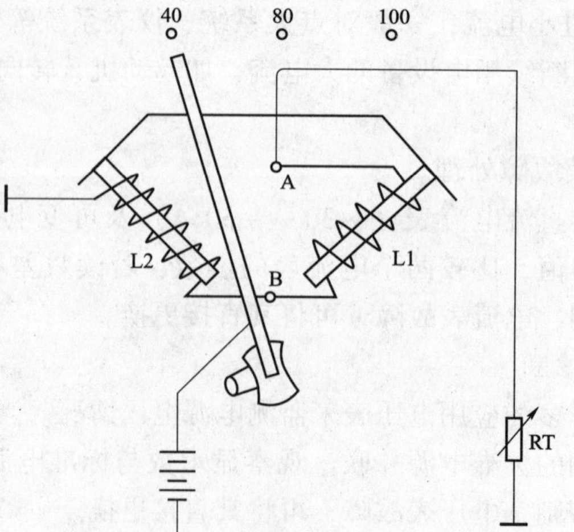

图 3－16　冷却液温度表的工作原理

冷却液温度表工作不正常可能的原因有稳压器损坏、传感器损坏、温度表损坏及线路损坏。

诊断时先通过观察燃油表能否正常工作来判断稳压器有无损坏；若无问题则检查传感器，将传感器火线直接短暂搭铁看表有无反应，若有则为传感器故障，若无反应测试导线是否正常；若均无问题则温度表有问题，应予以检测。

6. 车速里程表（见图3－17）

（1）车速里程表使用注意事项。

① 软轴与车速里程表以及变速器或分动器的输出轴连接牢固可靠。

② 软轴安装时应有一定的纵向间隙，不得有扭曲和弯折，否则造成指针摇摆不定或软轴折断。

图3－17　车速里程表

（2）车速里程表的检测。

① 使用车速里程表检测仪在车上检查车速里程表指示误差、针摆和异常噪声，检查里程表是否工作正常。

② 对比法检验，用可调速的电动机同时驱动标准表和被检表，在改变电动机转速的情况下，观察两表的指示值，其值应基本相同。

若经过检测，不合要求的车速里程表，对于磁感应式，可拆开表壳拨动盘形弹簧下面的调整柄校准或更换新表；对于电子式车速表，则须更换传感器、控制电路或车速里程表。

（3）车速里程表的常见故障排除。

车速里程表不工作或指示不准时，应重点检查：变速器输出轴处小齿轮的磨损和啮合情况，表后蜗轮蜗杆的啮合情况；表针发卡应检查表中游丝；指示不稳应检查软轴两端的磨损。

7. 发动机转速表（见图3－18）

发动机转速表不工作，而点火系统工作正常，应重点检查点火线圈“－”极端转速信号输出线及其连接、与仪表板间的连接等是否有问题，若无问题，则发动机转速表损坏。

图3－18　发动机转速表

（二）电子组合仪表的检修

1. 电子组合仪表故障检查注意事项

（1）汽车电子仪表装置（见图3－19）比较精密，对其维修技术要求较高，维修检查时应遵循各汽车使用维修手册的有关规定，必要时，应由专业修理厂承修。

图3－19　电子仪表装置

（2）汽车电子仪表显示板和母板（逻辑电路板如图3－20所示）不仅较易损坏，而且价格较贵，因此在检查时应多加保护和特别谨慎，除有特殊说明外，不能用蓄电池的全部电压加于仪表板的任何输入端。在多数情况下，由于检测仪表（如万用表）使用不当而造成微机电路的严重损坏，所以在进行仪表检测时应特别注意这一点，应使用高阻表检查电压、电阻等。

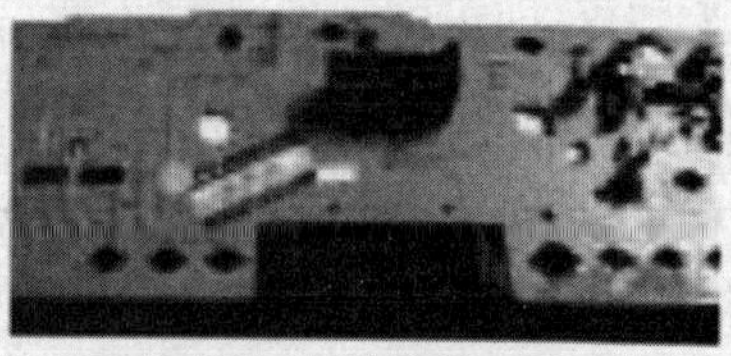

图3－20　逻辑电路板

（3）当需要拆卸电子仪表板时，要按拆装顺序进行，拆装时注意不要猛敲猛打，以防本来状况良好的元器件因敲打而损坏。在拆卸仪表板总成之前，应首先切断电源。新的电子仪表元件应放置在镀镍的包装袋里，需要更换时，再从袋中取出，取出时注意不要碰触各部接头，不要提前从袋中取出。在拆装作业中，只能用手拿仪表板的侧边，不能碰及显示窗和显示屏的表面等部分。

（4）在处理电子车速、里程表的电路芯片时，必须使用原有的塑料盒，以免因静电放电而损坏。如不慎碰及电路芯片的接头使仪表的读数清除，此时应该将仪表送往专门修理单位进行重新编程后才能使用。

（5）在检查电子仪表板时，必须用静电防护装置，即带有搭铁的装置，如腕带和放置电子部件的导电垫板等，设法使维修地点和维修人员不带静电。从仪表板上拆卸下来的电子部件应放在具有搭铁装置的导电垫板上，不能放在地毯或座椅上，检查维修人员不能穿着合成纤维面料的衣服等。否则，均会因带静电而损坏电子元器件及电子组合仪表装置。

2. 电子组合仪表的故障检查

汽车电子组合仪表的检测与故障诊断，除由车载微机自诊断系统进行自诊断外，还可使用专门的检测设备对其进行检测和诊断。在检测时应首先将传感器电路断开或拆下，用检测设备对它们逐个进行检查。

汽车电子仪表显示系统的故障一般都出在传感器、针状插接器、导线、个别仪表及显示器上。其检测方法是：

（1）传感器的检测。

对各种电阻式传感器的检查，通常是采用测量其电阻的方法来判断它的好坏，即把所测得的电阻值与其规定的标准电阻值相比较，判断传感器有无故障。若所测的电阻值小于规定值时，传感器内部短路；若电阻值很大，则说明传感器内部断路或接触不良，应该更换传感器。

（2）针状插接器的检测。

采用电子仪表的汽车，往往要用很多插接器把线束连接到仪表板上。这些插接器一般都采用不同颜色，以便辨认它属于哪一部分的连接，为保证其连接牢固、可靠，插接器上设有闭锁装置。在进行检测时，要注意防止插接器的闭锁装置、针状插头以及插座等受损、毁坏。特别是将测试设备与其导线连接时，最好使用备用的插接器插头，以防插接器针状插头磨损、松动等而造成接触不良。

（3）个别仪表的故障检查。

个别仪表发生故障，首先应检查各导线的连接情况，包括各插接器接触情况，线束是否破损、搭铁、短路和断路等；然后再用检测设备分别对该仪表及其传感器进行测试，以判明故障。

(4) 显示屏上部分笔画、线段故障。

电子组合仪表上的显示屏部分笔画、线段出现故障，应将仪表板上的显示器调整到静态显示状态，仔细观察是否还有别的故障。如果仅有一两个笔画或线段不发亮或不显示，则说明逻辑电路板通过多路传输的脉冲信号正确，可能只是显示装置的部分线段工作不正常，遇此情况应进一步检查，属于接触不良的应加以紧固，确保其电路畅通；若是电子显示器件本身问题，通常只有更换显示器件或逻辑电路板。

项目四

车身电器

一、项目要求

（1）了解车身电器相关知识。

（2）会识读电动车窗电路图。

（3）会识读电动刮水器电路图。

（4）会利用所学知识诊断、排除汽车车身电气系统故障。

二、相关知识

（一）认识电动车窗

1. 组成

利用电动机来驱动升降器，使车窗玻璃上下移动，方便驾驶员和乘客，减少疲劳强度。电动车窗主要由车窗玻璃、车窗玻璃升降器、电动机和控制开关等组成。

（1）控制开关。

控制开关一般有两套，一套为主控开关，装在仪表板或驾驶员侧的车门上，另一套为分开关，分别安装在每个车窗上。由于所有车窗的电动机都要通过主控开关搭铁，所以如果主控开关断开，分开关就不能起作用。

① 主控开关如图 4－1 所示。

② 分开关如图 4－2 所示。

图 4－1　主控开关

图 4－2　分开关

（2）升降器。

升降器有四种：齿条式电动车窗升降器、齿扇式电动车窗升降器、交臂式电动车窗升降器、钢丝滚筒绳式电动车窗升降器。

① 齿条式升降器，如图 4 -3 所示。

齿条式升降器使用了一个小齿轮和一根柔性齿条，车窗玻璃固定在齿条的一端，电动机带动小齿轮转动，小齿轮带动齿条移动，最终使车窗玻璃上升或下降。

② 齿扇式升降器，如图 4 -4 所示。

在升降器的齿扇上装有螺旋弹簧。当车窗上升时，弹簧伸展，放出能量，以减轻电动机负荷。当车窗下降时，弹簧被压缩，吸收能量，保持电动机负荷基本不变。

③ 交臂式升降器，如图 4 -5 所示。

④ 钢丝滚筒绳式升降器，如图 4 -6 所示。

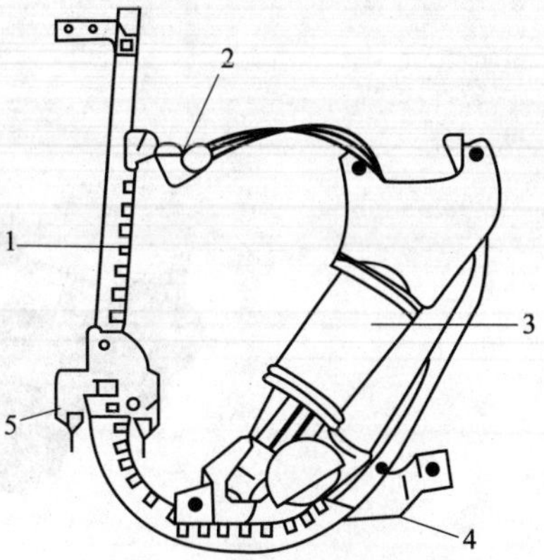

图 4 -3　齿条式升降器

1—齿条；2—电缆接头；3—电动机；4—小齿条；5—定位架

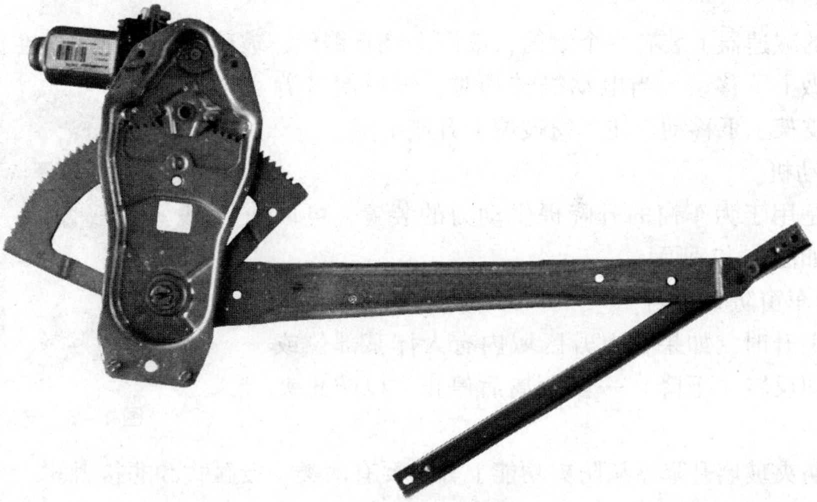

图 4 -4　齿扇式升降器

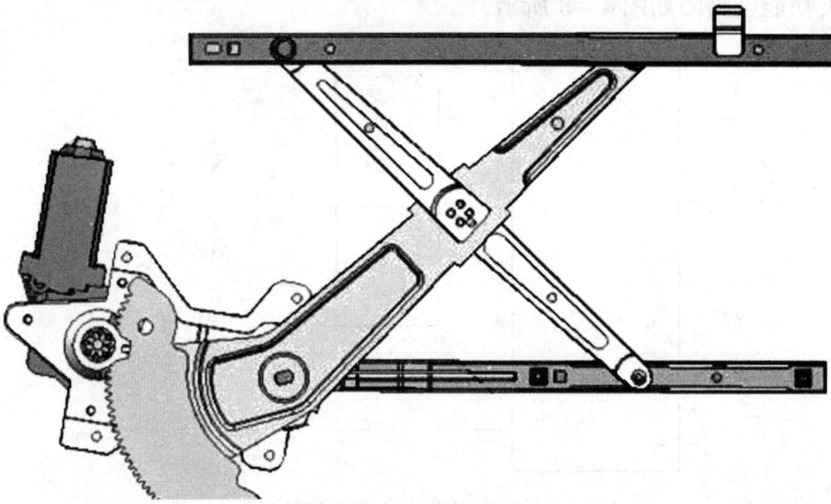

图 4 -5　交臂式升降器

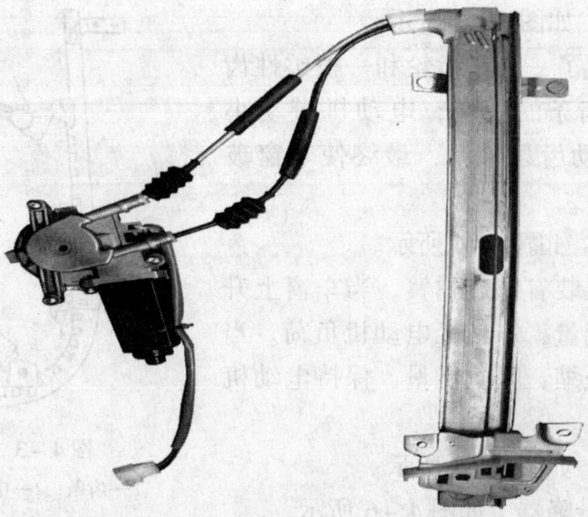

图 4 – 6　钢丝滚筒绳式升降器

升降器的减速器上装有一个滚筒，滚筒上绕有钢丝，玻璃安装卡座固定在钢丝上并可在滑动支架上做上下移动。当电动机转动时，钢丝便带着卡座沿滑动支架上下移动，使车窗玻璃上升或下降。

(3) 电动机。

电动机是用于为车窗的升降提供动力的装置，可以双向转动，如图 4 – 7 所示。

图 4 – 7　电动机

2. 电动车窗防夹功能

当玻璃上升时，如果在上升区域内有人体某部位或物件时会立即反转（下降）一段距离后停止，以防止夹伤乘客。

目前，防夹玻璃升降器从防夹功能上分主要有两类：接触式和非接触式。

(1) 接触式防夹功能。

接触式防夹功能电路图如图 4 – 8 所示。

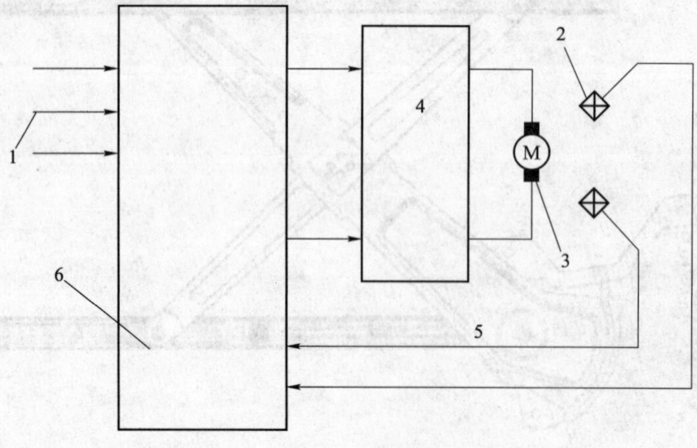

图 4 – 8　接触式防夹功能电路图

1—数据线；2—霍尔传感器；3—电动机；4—继电器；5—传感器传输线；6—ECU

接触式指当电动车窗机构感触到有异物在玻璃上时，才会自动停止玻璃上升工作，利用霍尔传感器将电动机转速信号传送给 ECU。当玻璃遇到障碍物时，玻璃上升的速度会突然降低，这时候，ECU 起动防夹功能使电动机反向工作，玻璃下降。大多数汽车采用这种防夹方式。

（2）非接触式防夹功能。

非接触式防夹功能电路图如图 4－9 所示。

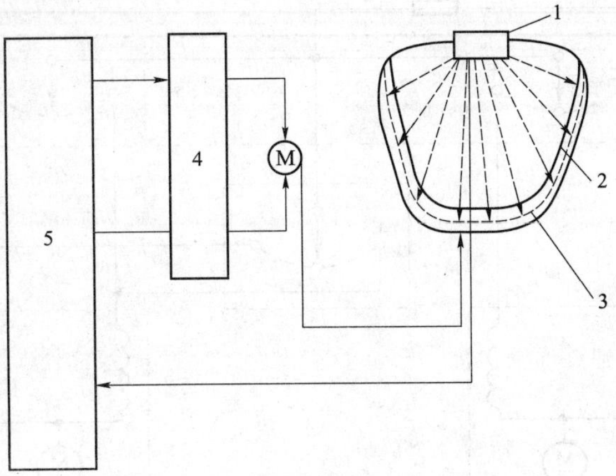

图 4－9　非接触式防夹功能电路图

1—红外线发射器；2—车窗边框；3—感应接收器；4—继电器；5—ECU

它是靠红外线发射器和感应接收器检测有无异物在电动车窗移动范围内，从而控制玻璃移动，无须异物直接接触到玻璃。这个光学控制系统主要元件是光学传感器，它由红外线发射器和接收器组成，安装在车窗的内饰件上，能连续精确地扫描指定的区域，这个区域一般指车窗向上移动时，距离车窗开口框上边缘 4～200 mm。一旦检测到有异物，传感器会迅速把信息反馈至 ECU，ECU 发出指令使电动机停止运转。

3．总线控制的电动车窗

有些电动车窗采用总线控制，当车窗开关被操作时，开关把信号传递给 ECU（一般是车身模块），然后由 ECU 把信号通过总线传递给车门模块（一般每个车门上有一个控制车窗升降的模块），然后由模块驱动电动机实现玻璃升降功能。一般采用的总线有 CAN 总线和 LIN 总线。

（1）CAN 总线：CAN 是 Controller Area Network 的缩写，是 ISO 国际标准化的串行通信协议。在当前的汽车产业中，出于对安全性、舒适性、方便性、低公害、低成本的要求，各种各样的电子控制系统被开发出来。由于这些系统之间通信所用的数据类型及对可靠性的要求不尽相同，由多条总线构成的情况很多，线束的数量也随之增加。为适应“减少线束的数量”“通过多个 LAN，进行大量数据的高速通信”的需要，1986 年德国电气商博世公司开发出面向汽车的 CAN 通信协议。此后，CAN 通过 ISO11898 及 ISO11519 进行了标准化，现在在欧洲已是汽车网络的标准协议。

（2）LIN 总线：LIN（Local Interconnect Network）是一种低成本的串行通信网络，用于实现汽车中的分布式电子系统控制。LIN 的目标是为现有汽车网络（例如 CAN 总线）提供辅助功能，因此 LIN 总线是一种辅助的总线网络。在不需要 CAN 总线的带宽和多功能的场合，比如智能传感器和制动装置之间的通信使用 LIN 总线可大大节省成本。LIN 技术规范中除定义了基本协议和物理层外还定义了开发工具和应用软件接口。LIN 通信是基于 SCI（UART）数据格式，采用“单主控制器/多从设备”的模式，仅使用一根 12 V 信号总线和一个无固定时间基准的节点同步时钟线。

4. 电动车窗电路图识读

电动车窗的控制系统有很多种，所以电动车窗的电路图也不同。主要介绍几种常见的电路：

（1）直接搭铁式。

直接搭铁式电动车窗电路图如图 4－10 所示。

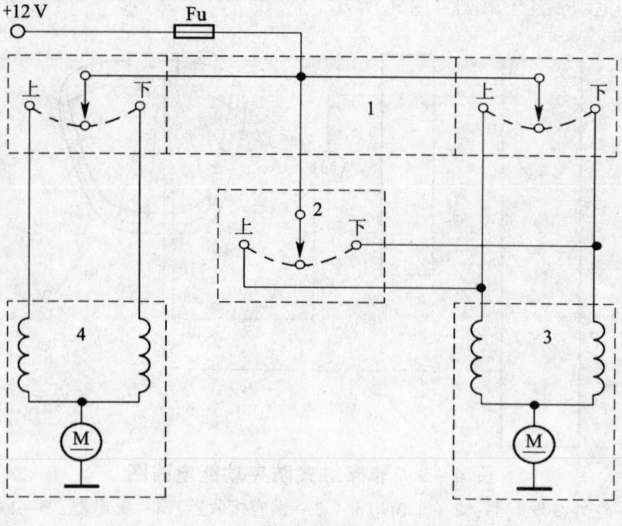

图 4－10　直接搭铁式电动车窗电路图

电动机的一端直接搭铁，电动机内部有两组线圈，通过接通不同的线圈，使电动机实现不同的转向，从而控制车窗向上或者向下运动。

（2）控制搭铁式。

控制搭铁式电动车窗电路图如图 4－11 所示。

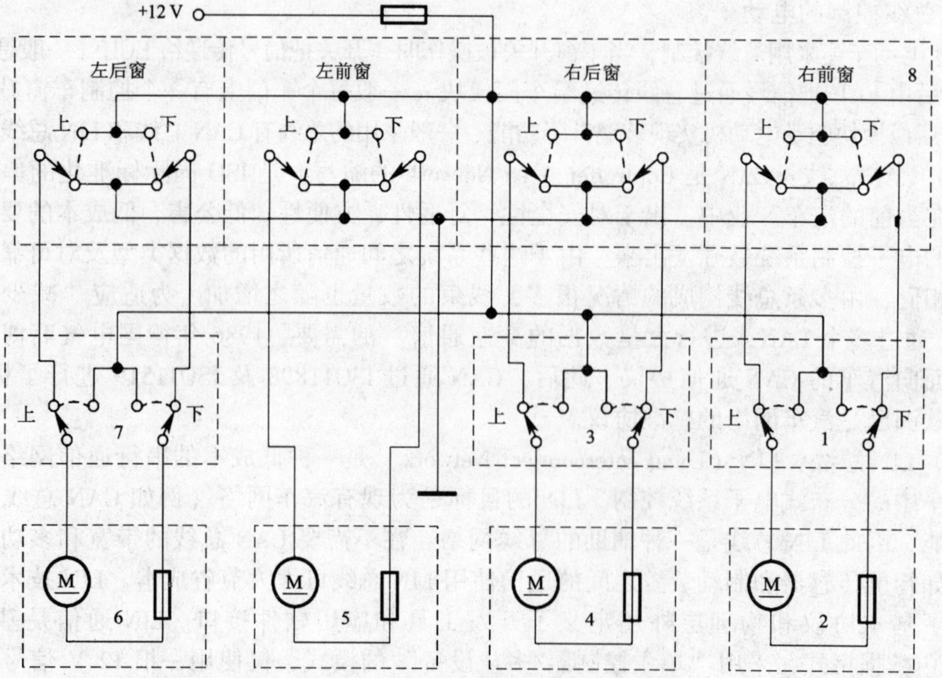

图 4－11　控制搭铁式电动车窗电路图

利用开关控制电动机线圈的电流方向，从而控制电动机正反转。

(3) 集成电路控制。

集成电路控制电动车窗电路图如图 4－12 所示。

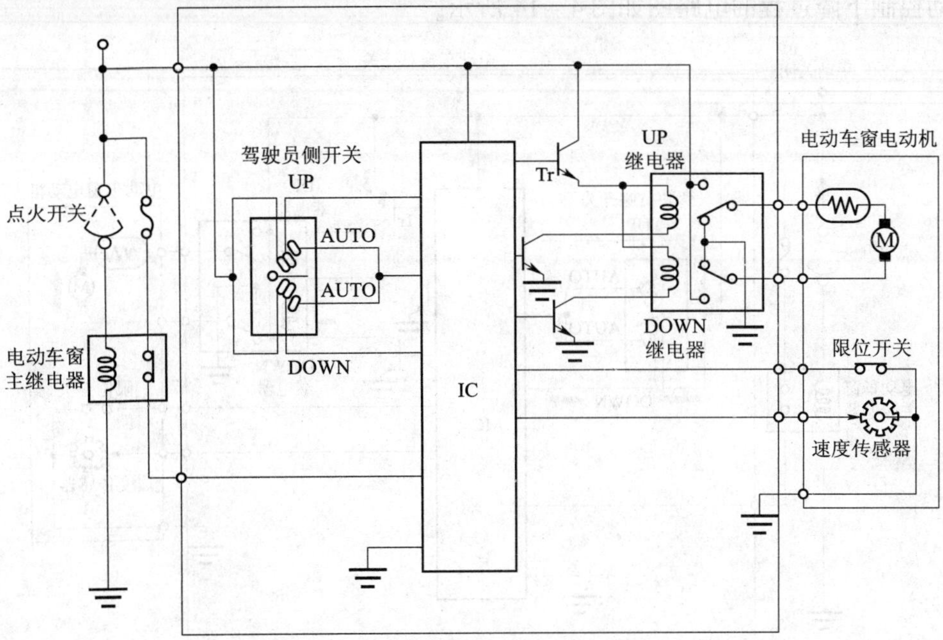

图 4－12　集成电路控制电动车窗电路图

利用集成电路控制电动机工作，这种控制方式的优点是可以实现车窗的自动上升和下降。

① 手动控制上升过程。

手动控制上升过程的电路图如图 4－13 所示。

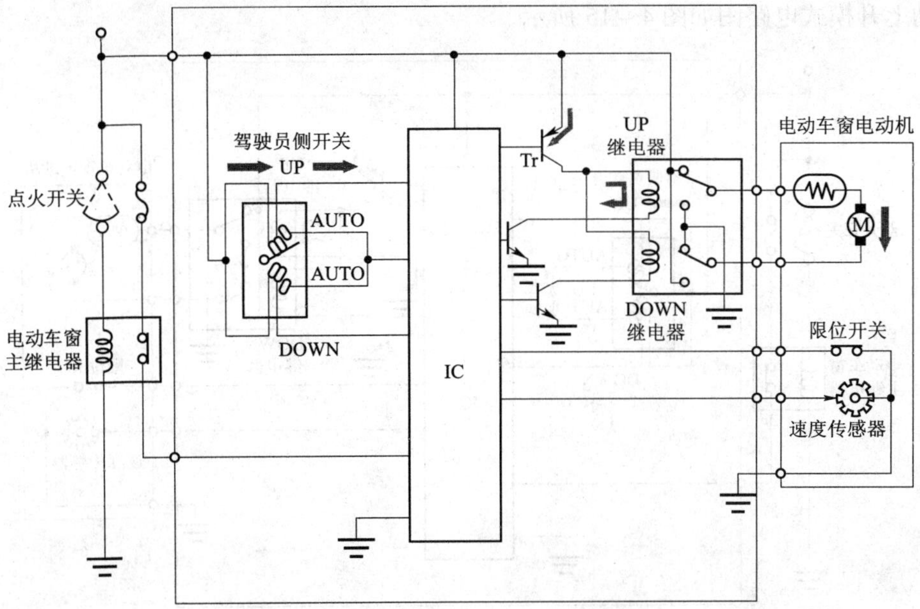

图 4－13　手动控制上升过程的电路图

当手按住开关一定时间（比如 1 s 以上），进入手动控制上升模式，当手放开开关电动机就停止工作。

② 手动控制下降过程。

手动控制下降过程的电路图如图 4－14 所示。

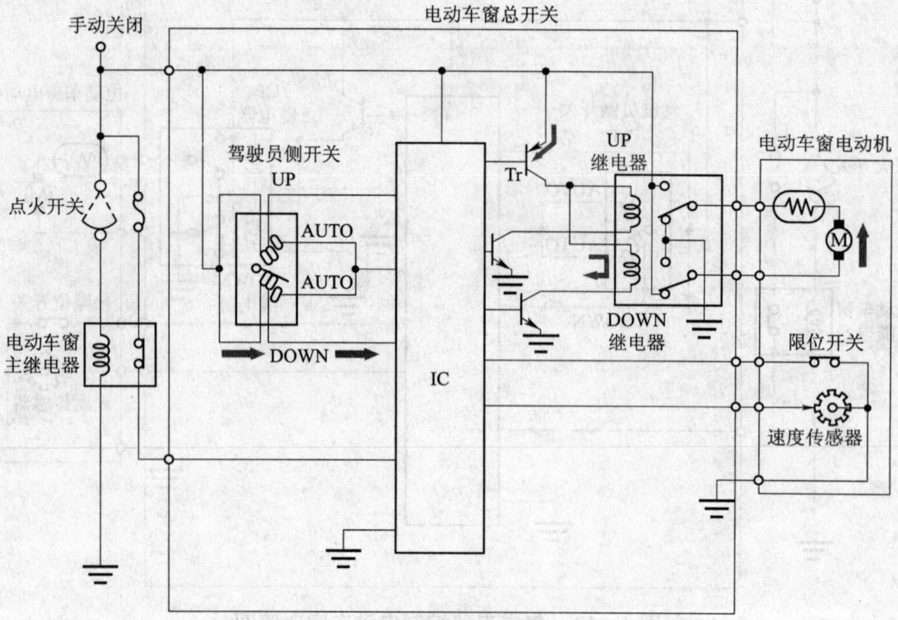

图 4－14　手动控制下降过程的电路图

当手按住开关一定时间（比如 1 s 以上），进入手动控制下降模式，当手放开开关，电动机就停止工作。

③ 自动上升模式。

自动上升模式电路图如图 4－15 所示。

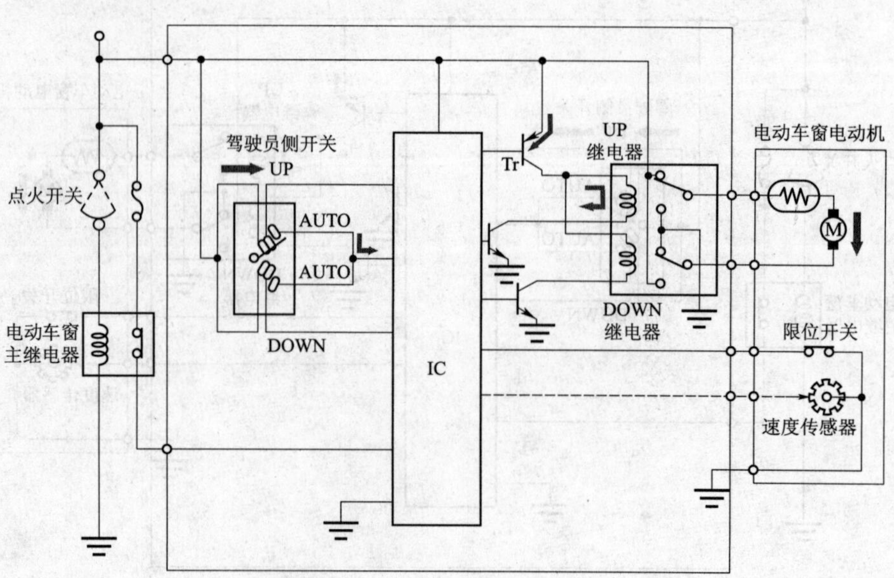

图 4－15　自动上升模式电路图

当手按动开关很短时间内放开（比如小于0.5 s），集成电路控制车窗自动上升。

④ 自动下降模式。

自动下降模式电路图如图4－16所示。

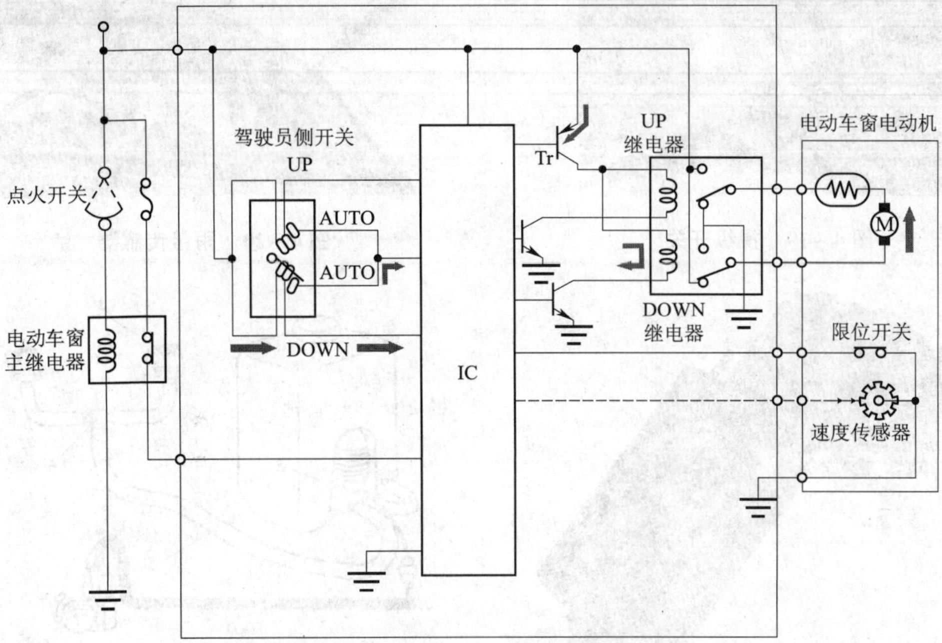

图4－16　自动下降模式电路图

当手按动开关很短时间内放开（比如小于0.5 s），集成电路控制车窗自动下降。

（二）电动刮水器构造与原理

1. 作用

为了保证汽车在雨天或雪天时有良好的视线，确保行车安全，在汽车挡风玻璃前装有刮水器，如图4－17所示。一般汽车的前车窗上装有两个刮水片，有些汽车后车窗也装有一个刮水片，有些高级轿车的前大灯上也装有刮水片，如图4－18所示。

图4－17　挡风玻璃前的刮水器

图4－18　前大灯上的刮水片

2. 电动刮水器及洗涤器系统的组成

（1）电动刮水器系统主要由操纵开关（见图4－19）、雨量传感器（见图4－20）、控制电脑和电动刮水器执行装置（见图4－21）等组成。

（2）洗涤器则由储液箱、洗涤泵、软管、喷嘴等组成，如图4－22所示。

图 4-19　操纵开关

图 4-20　雨量传感器

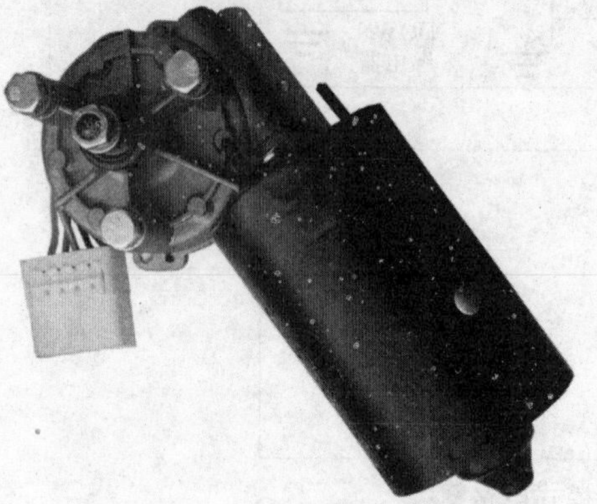

图 4-21　电动刮水器执行装置

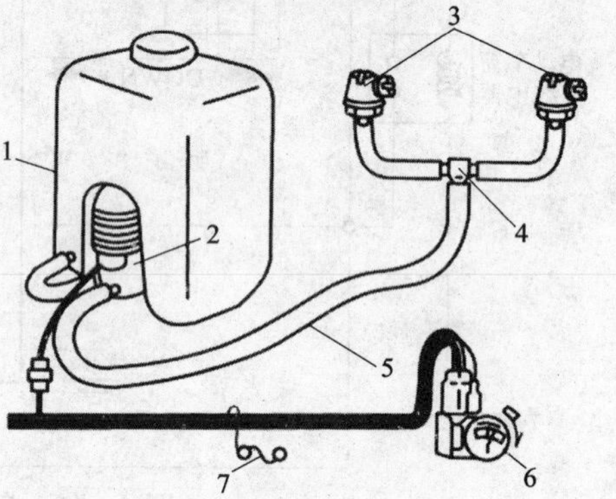

图 4-22　洗涤器的结构

1—储液箱；2—洗涤泵；3—喷嘴；4—三通管接头；
5—软管；6—刮水开关；7—熔断丝

3. 电动刮水器及洗涤器系统的工作原理

（1）操纵开关总成通过多个联动开关产生三路信号分别输入控制单元，从而控制刮水器实现低速、高速、间歇、除雾、停机复位等功能，如图 4-23 所示。

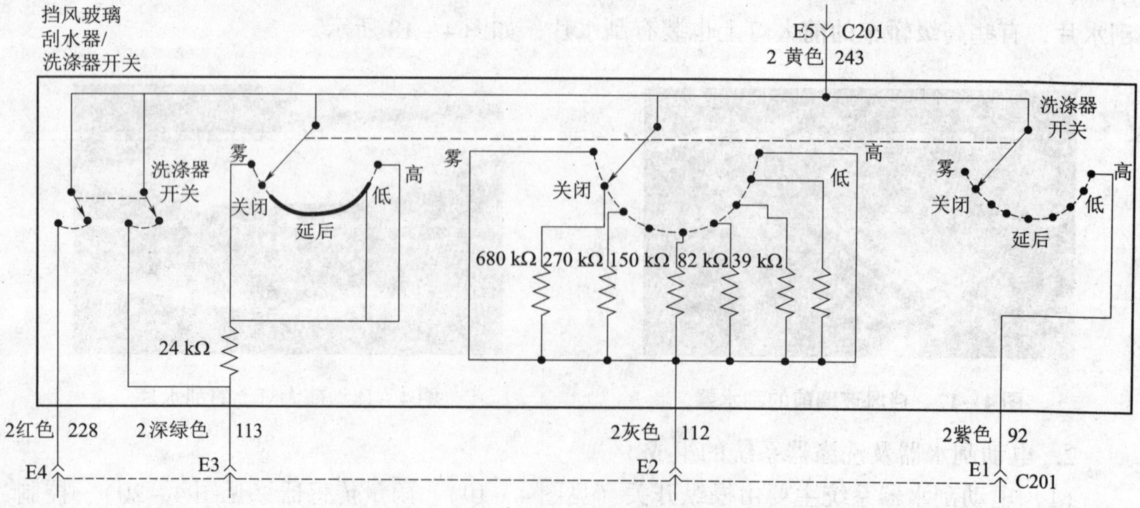

图 4-23　别克君威操纵开关的原理图

(2) 电动刮水器执行装置——电动机

通电时，电枢转动将电动机的旋转运动由轴端的蜗杆传给蜗轮，经传动机构转化为往复运动，如图 4－24 所示。

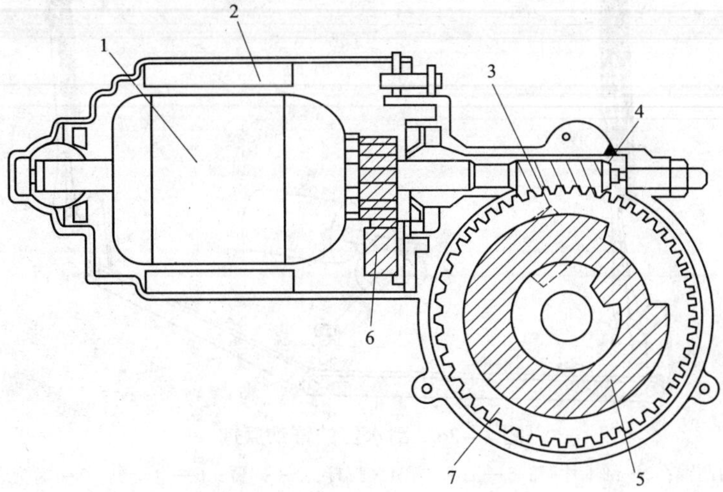

图 4－24　电动机示意图

1—电枢；2—永久磁铁；3—触点；4—蜗杆；5—铜环；6—电刷；7—蜗轮

(3) 刮水器电动机变速原理如图 4－25 所示。

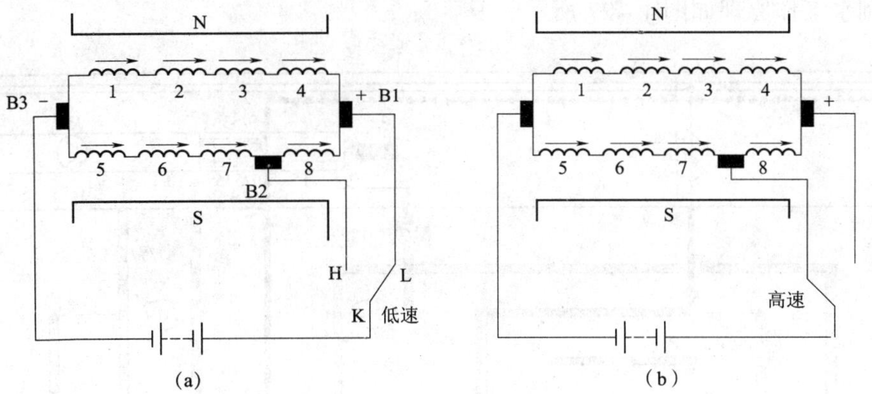

图 4－25　刮水器电动机变速原理

(a) 接通低速电刷；(b) 接通高速电刷

永磁式刮水器电动机的磁场强弱是不变的，电枢绕组通电后，将电能转换成机械能产生转矩。它与普通电动机不同之处是采用了三个电刷，其中电刷 B1 为低速电刷，B2 为高速电刷，B3 为公用电刷。当刮水器开关置于不同挡位时，电动机运转的速度不同。通过利用三个电刷改变串联在与 B1、B2 和 B3 之间的不同电枢绕组数来改变磁通量（永久磁铁和电枢绕组通电后产生的磁通的合成量），实现变速。当刮水器开关置于高速挡 H 挡时，电源从蓄电池正极→刮水器开关→B2 电刷→电枢绕组（两个并联，个数不相等）→B3 电刷→蓄电池负极。由于两绕组的个数不相等，有一部分电枢绕组产生的磁场互相抵消，产生的合成磁场减少，使电路的磁通量下降，电动机以较高的转速运转。

(4) 刮水器的传动原理如图 4－26 所示。

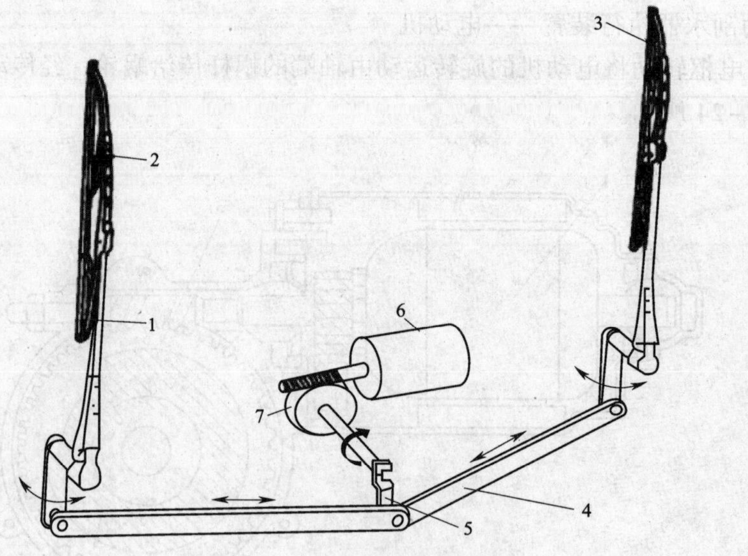

图 4-26　刮水器的传动原理

1—雨刮臂；2—刮水片架；3—刮水片；4—拉杆；5—摇臂；6—电动机；7—蜗轮蜗杆

4. 电动刮水器的电路图识读

本节以桑塔纳 2000 型轿车为例，介绍电动刮水器的电路图识读。

（1）低速刮水。

低速刮水工作原理如图 4-27 所示。

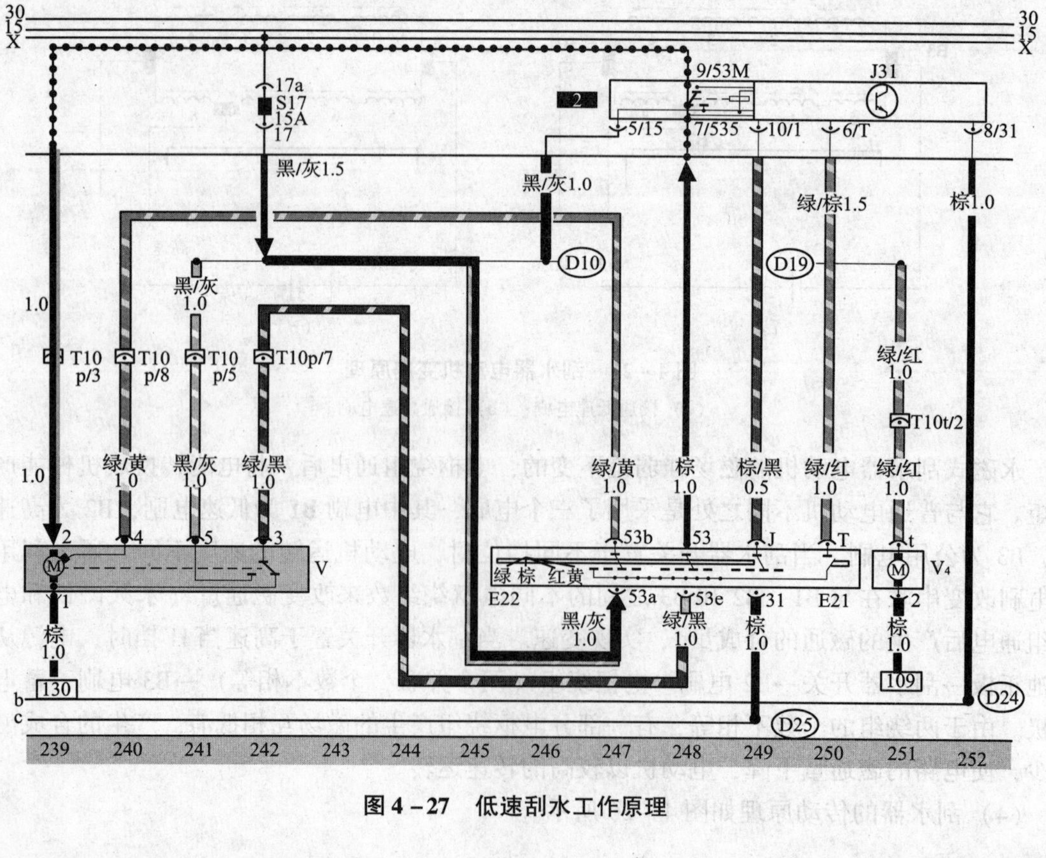

图 4-27　低速刮水工作原理

将刮水器开关拨至“慢速”挡电路：X 线→熔断丝 S17→中央电器 B9→刮水器开关 53a→53b→刮水继电器 6/53S→常闭触点→2/53M→中央电器 D12→刮水电动机 2/5→低速绕组→5/31→搭铁，刮水电动机慢速旋转。

（2）高速刮水。

高速刮水工作原理如图 4－28 所示。

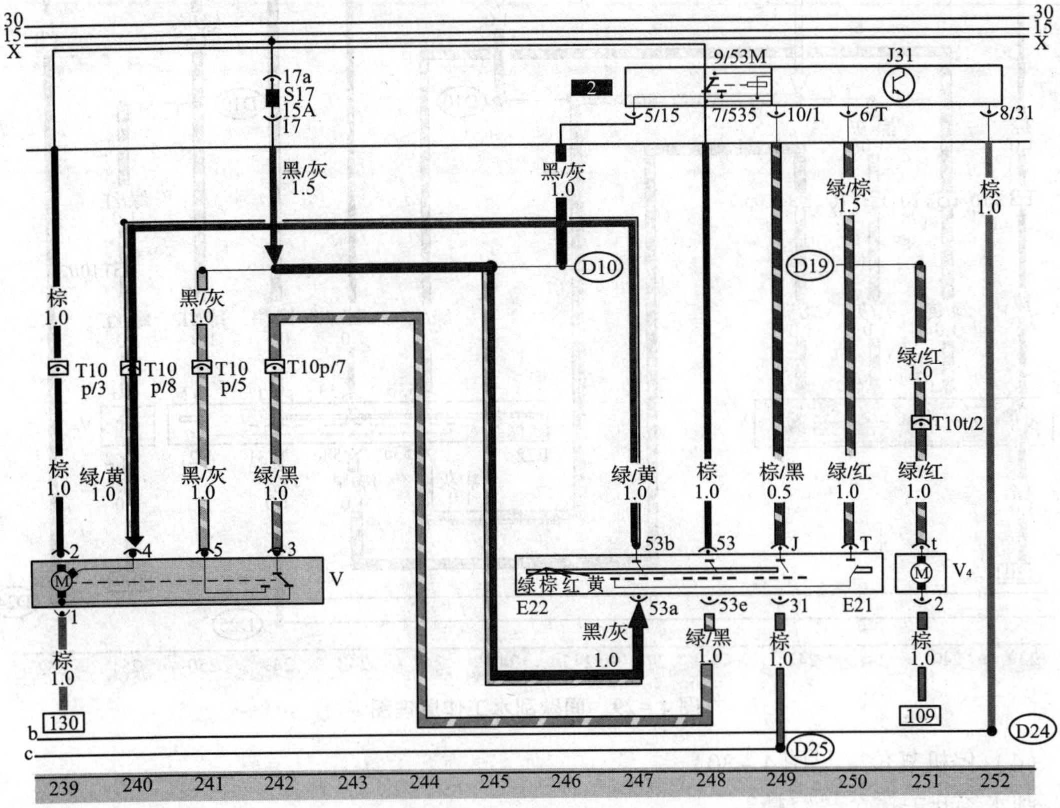

图 4－28　高速刮水工作原理图

将刮水器开关拨至“快速”挡电路：X 线→熔断丝 S17→中央电器 B9→刮水器开关53a→53b→刮水电动机 4/5→高速绕组→1/5→搭铁，刮水电动机快速旋转。

（3）间歇刮水。

间歇刮水工作原理如图 4－29 所示。

将刮水器开关拨至“间歇”：

① 刮水继电器 1/10 得到正的触发电位，使常开触点闭合，X 线→S17→D10→5/15→继电器触点→电动机 2/5→31；

② 刮水电动机开始慢速旋转，X 线→熔断丝 S17→刮水继电器 5/15→闭合触点→电动机 2/5；

③ 刮水电动机转动后，自动复位机构接通，继电器获得正电位，使触点恢复到常开状态，电动机继续旋转；

④ 在风窗下沿进行制动；

⑤ 此期间，继电器内部的延时电路工作，经过一段时间又使常开触点闭合，刮水电动机进行第二次慢刮水，如此反复，间隔一般为 4～6 s。

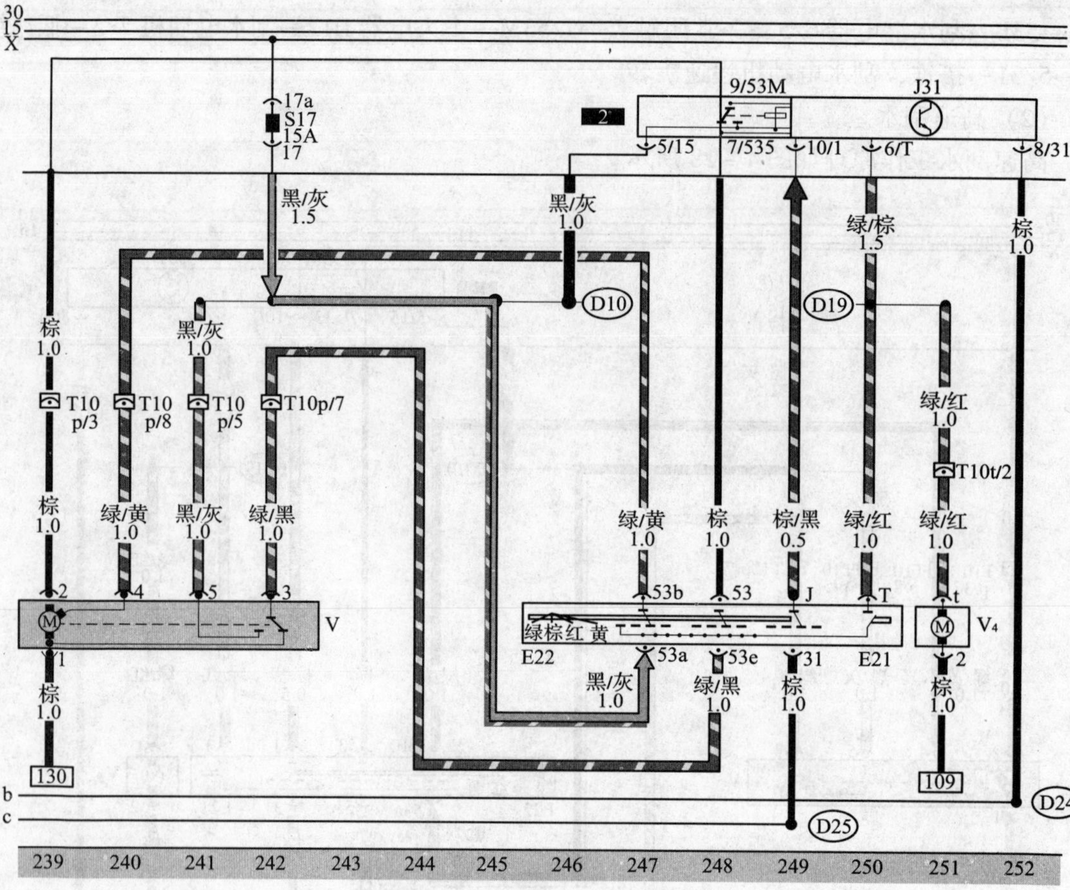

图 4－29　间歇刮水工作原理图

（4）停机复位（见图 4－30）。

刮水器开关拨至“空挡”：

① 若此时刮片没有停在风窗玻璃的下沿，则复位机构 1/53a 与 3/31b 接通，刮水电动机继续低速旋转；

② 当自动复位机构接通，将刮水电动机的电枢短路；

③ 在惯性作用下，刮水电动机继续转动，这时便以发电机运行发电，产生的电动势与外加电压相反，产生与原方向相反的转动力矩，使电动机迅速停止在风窗玻璃下沿处。

（5）清洗、刮水，如图 4－31 所示。

三、项目实施

任务一：电动车窗故障诊断

汽车电动车窗的工作原理，是靠电动机带动摇臂把手转动齿轮把车窗提起来的。大部分汽车的车窗举升器都采用非常灵活的连杆来举升车窗玻璃，同时保持其处于水平状态。将小型的电动机连接到一个蜗轮和几个其他直齿圆柱齿轮，以产成较大的齿轮减速比，从而提供足以升起车窗的扭矩。为了方便驾驶员和乘客，减轻他们的劳动强度，许多汽车采用了电动

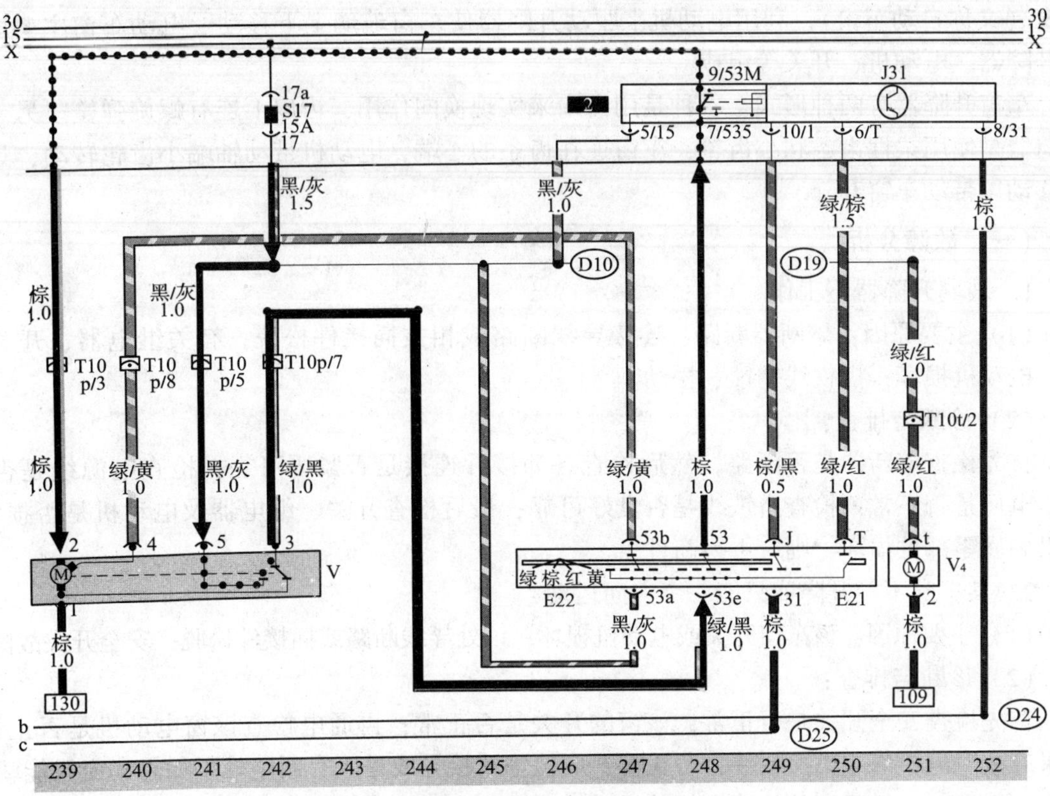

图 4－30　停机复位工作原理图

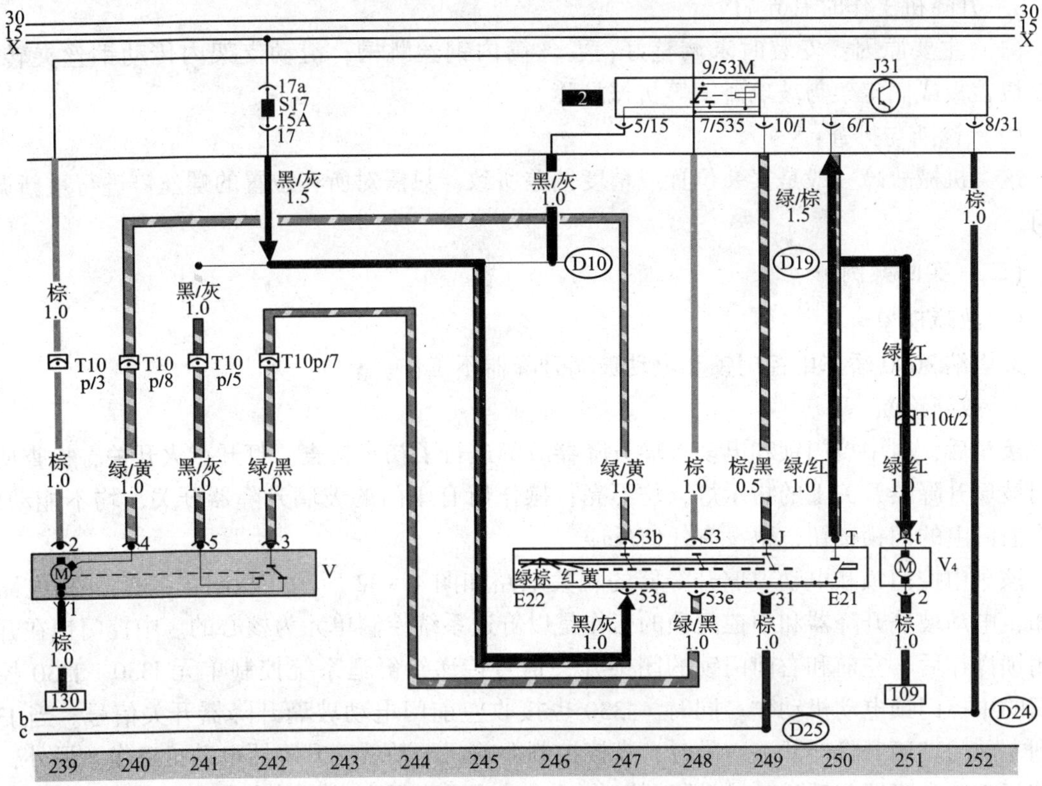

图 4－31　清洗、刮水工作原理图

车窗（又称自动车窗），利用电动机来驱动升降器使车窗玻璃上下移动。电动车窗主要由车窗升降器、电动机、开关等组成。

车窗升降器有两种形式，一种是用齿扇来实现换向作用，齿扇上连有螺旋弹簧。另一种换向器是使用柔性齿条和小齿轮，车窗连在齿条的一端，电动机带动轴端小齿轮转动，是齿条移动以带动车窗升降。

（一）故障分析

1．玻璃升降器不工作

（1）主要原因：熔断器断路；连接导线断路或相关插接件松脱；有关继电器、开关损坏；电动机损坏；搭铁线锈蚀、松动。

（2）诊断与排查：

首先检查熔断器是否断路，然后检查各插接件连接是否紧固可靠；检查电源线是否有电，电压是否正常；检查搭铁线是否良好可靠；最后检查开关、继电器及电动机是否损坏，如果确属零部件损坏，则应更换新件。

2．某车窗不能升降或只能一个方向运动

（1）主要原因：该车窗开关或电动机损坏；该处导线断路或插接件松脱；安全开关故障。

（2）诊断与排查：

首先检查安全开关是否正常，该窗的开关是否正常；再通电检查该窗电动机是否正常，如果有故障应检修或更换新件；若正常，应检修连接导线是否有断路处。如果车窗只能朝一个方向运动，一般是开关故障或相关导线断路，可先检查线路，再检查开关。

3．升降机工作时有异响

（1）主要原因：安装时未调整好；卷丝筒内钢丝跳槽；滑动支架内传动钢丝夹转动；电动机盖板或固定架与玻璃碰擦等机械故障。

（2）诊断与排查：

这类机械故障一般是安装位置或精度偏差所致，只需对所在位置的螺丝钉进行重新调整即可。

（二）实际案例

1．故障现象

桑塔纳3000轿车中控门锁和电动玻璃升降器不工作。

2．故障诊断

接车后，对中控门锁和电动玻璃升降器故障进行了初步检查。打开点火开关，检查所有车门玻璃升降器开关上的指示灯，均不亮；操作所有车门的玻璃升降器开关，均不能动作；操作前门上的门锁按钮，也没有任何反应。

该车中控门锁和电动玻璃升降器的相关电路如图4－32所示。从图4－32（a）电路图可知，电动玻璃升降器和中控门锁的工作是以舒适系统控制单元为核心的。中控门锁在开锁和闭锁操作后，左前和右前门锁的闭锁开关信号传递给舒适系统控制单元J330，J330控制四门的中控门锁电动机动作。同时，J330也接收左前门电动玻璃升降器开关信号。当J330收到左前门玻璃升降器开关信号时，直接控制左前门电动玻璃升降器电动机工作。另外，当右前门玻璃升降器和后门玻璃升降器工作时，玻璃升降器电动机的负极回路也受J330控制

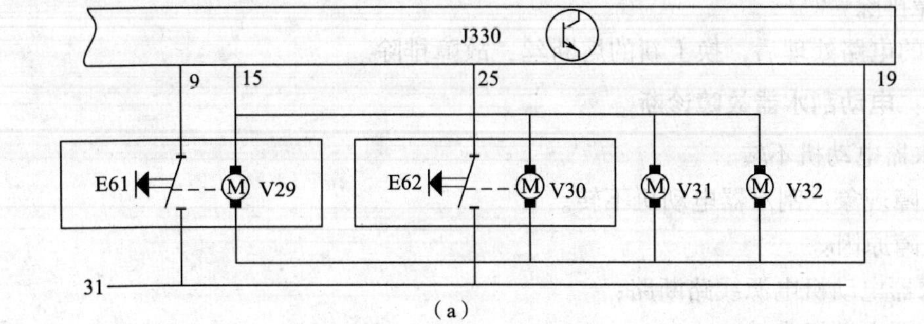

（a）

J330—舒适系统控制单元；E61—左前门中控开关；E62—右前门中控开关；V29—左前门中控电动机；
V30—右前门中控电动机；V31—左后门中控电动机；V32—右后门中控电动机

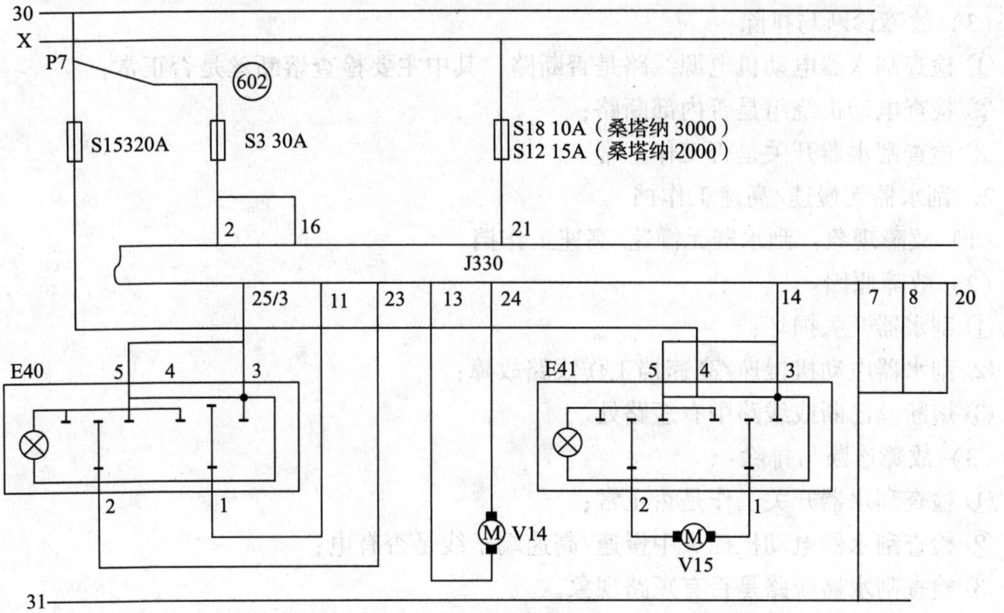

（b）

J330—舒适系统控制单元；E40—左前门玻璃升降器开关；E41—右前门玻璃升降器开关；
V14—左前门玻璃升降器电动机；V15—右前门玻璃升降器电动机

图 4-32　桑塔纳中控门锁和电动玻璃升降器工作电路图

才完成。

根据图 4-32（b）电路图可知，该车故障的可能原因是：① J330 损坏；② J330 的电源电路有短路或断路现象。首先拆下仪表板左下护板，检查 J330 的供电熔断丝 S3，发现已经熔断。更换新的 30 A 熔断丝，分别操作中控门锁和玻璃升降器开关使其工作。当操作左前门玻璃升降器开关时，左前门和其他玻璃升降器开关指示灯突然熄灭，中控门锁和玻璃升降器再次停止工作，拆下熔断丝 S3，发现又断了，从而说明故障是由于左前门玻璃升降器电路某处有故障，致使 J330 供电熔断丝熔断而停止工作，从而使中控门锁和玻璃升降器无法正常工作。

接着拆下左前门内衬板检查左前门玻璃升降器电路。拆下内饰板后，拔下玻璃升降器电动机插接器时，发现左前门限位器的塑料外罩脱掉，玻璃升降器电动机 V14 的一条电路被夹入左前门限位器内，致使电路接地短路，导致 J330 供电熔丝熔断。

3. 故障排除

将损伤的电路处理后，换上新的熔断丝，故障排除。

任务二：电动刮水器故障诊断

1. 刮水器电动机不转

(1) 故障现象：刮水器电动机不转。

(2) 故障原因：

① 刮水器电动机电源线路断路；

② 刮水器电动机失效；

③ 刮水器开关损坏。

(3) 故障诊断与排除：

① 检查刮水器电动机电源线路是否断路，其中主要检查熔断丝是否正常；

② 检查电动机绕组是否内部断路；

③ 检查刮水器开关是否工作正常。

2. 刮水器无慢速/高速工作挡

(1) 故障现象：刮水器无慢速/高速工作挡。

(2) 故障原因：

① 刮水器开关损坏；

② 刮水器电动机慢速/高速挡工作线路故障；

③ 熔断丝已断或线路中有短路处。

(3) 故障诊断与排除：

① 检查刮水器开关工作是否正常；

② 检查刮水器电动机插头中慢速/高速端子线是否有电；

③ 检查刮水器线路是否有短路现象。

3. 刮水器无间歇挡

(1) 故障现象：刮水器无间歇挡。

(2) 故障原因：

① 刮水器开关失效；

② 刮水器电动机失效；

③ 刮水器间歇挡线路故障。

(3) 故障诊断与排除：

① 检查刮水器开关；

② 检查刮水器电动机；

③ 检查刮水器间歇挡线是否有断路或接触不良处。

4. 刮水器不能自动复位

(1) 故障现象：刮水器不能自动复位。

(2) 故障原因：

① 自动停位装置损坏；

② 刮水器开关损坏；

③ 刮水臂调整不当；
④ 线路连接错误。
（3）故障诊断与排除：
① 检查自动停位机构的触片和滑片接触是否良好；
② 检查开关线路连接是否正确；
③ 检查刮水臂的安装是否正确；
④ 检查控制线路连接是否正确。
5. 刮水器洗涤器不工作
（1）故障现象：刮水器洗涤器不工作。
（2）故障原因：
① 控制开关损坏；
② 电动洗涤泵损坏；
③ 喷嘴堵塞严重；
④ 电动洗涤泵线路断开；
⑤ 搭铁线路不良。
（3）故障诊断与排除：
① 检修控制开关；
② 检修电动洗涤泵；
③ 用钢丝疏通；
④ 检查、连接电动洗涤泵线路。

小　结

本项目包括两个内容：

一、玻璃升降器。(1) 作用：利用电动机来驱动升降器，使车窗玻璃上下移动，方便驾驶员和乘客，减少疲劳强度。（2）组成：电动车窗主要由车窗玻璃、车窗玻璃升降器、电动机和控制开关等组成；以及玻璃升降器的几种控制方式和电路图。

二、电动刮水器。为了保证汽车在雨天或雪天时有良好的视线，确保行车安全，在汽车挡风玻璃前装有刮水器。一般汽车的前风窗上装有两个刮水片，有些汽车后窗也装有一个刮水片，有些高级轿车的前大灯上也装有刮水片；以及刮水器的电路原理（以桑塔纳轿车为例）。

四、项目拓展

1. 玻璃升降器由哪些部分组成？

2. 玻璃升降器有几种控制方式？

3. 玻璃升降器主控开关和单独开关是什么关系？

4. 电动刮水器由什么组成？

5. 电动刮水器如何实现速度快慢调节？

参考文献

[1] 王新. 汽车电工电子技术 [M]. 济南：山东科学技术出版社，2007.

[2] 高树德. 汽车电工电子技术基础 [M]. 北京：机械工业出版社，2005.

[3] 叶挺秀. 电工电子技术 [M]. 北京：高等教育出版社，2004.

[4] 金惠云. 汽车电工电子技术 [M]. 北京：高等教育出版社，2007.

[5] 刘浩宇. 汽车电工电子基础 [M]. 北京：高等教育出版社，2006.

[6] 任成尧. 汽车电工与电子基础 [M]. 北京：人民交通出版社，2005.